U0144197

家族治療師的練功房

轉化、成長與精進

目錄

總校閱序 | 走出利己利他的道路

吳就君

退休後好像人會變得清醒些。

過去的四十年都在從事「與人工作」中摸索。一路有不少的困惑、挫折和不滿意。常常有許多否定、懷疑和對錯的掙扎。如何走出自己建構的苦境呢？我告訴自己要走出利己利他的道路來，而且相信用一生實踐，最後一定會走出「人」「我」兩相忘的時空感。這時我繼續實踐「與人工作」的生活，心中自然會有美感浮現。我嚮往極了！

果然過了七十後，發現自己與這樣的時空感同在的時刻增加了。

這時候我接到一個陌生的邀請。元品心理諮商所所長黃雅羚小姐邀請我給他們做家族治療的教學與訓練。當下我即刻答應：「我們進行五年看看。」

我當時的直覺是，雅羚的人「與人工作」有熱流，而且看到她具有我缺乏的特質——擅長組織、領導，對事業有強盛的獻身感。我反而倒過來非常樂意加入她的行列哩。

元品心理諮商所在雅羚的領導下，有一組優秀的團隊。換句話說，他們是一群有緣的人結合在一起，各個都能獨當一面的諮商師，同時都有顯著的特質，願意貢獻團隊，共享團體的成長與蛻變。元品心理諮商所近五年的諮商形式已經不限於個別的方法而已，家庭諮商和伴侶諮商開跑以來，數量直線增加中。他們是富有動力和創造力的一群熟男熟女朋友。

過去五年，我在元品進行的訓練方式有三：

一是主題式的教學訓練。如「種樹工作坊」、「與人接觸」、「家庭溯源」、「家庭動力與家庭關係」、「團體動力」等。

另外是邀請實際的案家或夫婦伴侶，與原治療師和我共同進行聯合會談。原治療師能真實感受治療氛圍與治療過程，直接觀摩與人接觸的磁場與治療介入是最直接的學習方法。

第三種方式是一群實務工作者面對面的團督，參加成員有大專院校、高中和國中輔導老師、醫療諮商師及元品的諮商師共同組成。成員自發地提出真實個案，具體說明自己工作過程中卡住的地方。一個人卡住、通不過時，往往是背後的包袱卡住通路，那個包袱就是自己，要看自己就是功夫。團體其他成員針對焦點互相交換觀點或經驗，然後觀察提案人和我進行的角色扮演，或觀察其他成員投入角色互換演練。這樣直接投入做中學的方法，同步又有抽離的觀察法，自我咀嚼、分享和省思。這些學習紀錄和內容由其中八位朋友撰寫，成就了這本著作。

回顧我成為治療師的軌跡，好像約略可以簡化為四個概念。這四個概念不是用來分門別類，也不是說明漸進過程，而是如同織錦般相互交織為「個人的我」和「專業的我」（personal self and professional self），能夠鮮活地實踐與人工作，又能滋潤個人，清楚自己的「在」，自己為什麼發問，為什麼做這樣的介入，背後的企圖是什麼，重視回饋，調整自己。

處於清楚的狀態，不是糊裡糊塗反射性的互動，我終於走出了長期以來將工作慣性化之後進入憂鬱期（撞牆期）的生命階段，進階到與人工作是「人我能量循環」的過程，是可能自利利人、自達達人的自我成長事業。

本書作者群選擇這四個概念做為書寫的四個主題，是我始料未及的事。因為這四個概念重在「體會」人性的普同性，「感應」人性的幽微處，是華無式家族治療的根基。團督時，我分享這些概念常感覺字窮意未了，要自動加上許多手勢、表情、行動來補充表達。三不五時會問：「我講的你聽得懂嗎？」怪我自己語彙不夠表達內心的體會。回想起來，感謝當時團督成員大家同在，凝神專注的氛圍，傳遞給我很大的能量和鼓勵。

與人接觸是貫穿其他三個概念的核心功夫。這怎麼說呢？我會把我們的人體看作能量體，與人接觸的狀態就是治療師發動人味的接觸——專注、傾聽、接納、尊重的能量會喚醒案主共鳴回應，此時能量的狀態呈現變化：能量原子原來方向不一（如圖 1 上方所示），雙方發生人味的連接感時，能量原子的方向成一致性（見圖 1 下方）。他們之間更有可能共同建構合作關係，案主會回應治療師良接良發的溝通型式，此時案主的自我導引力量更有可能被啟發，治療師亦步亦趨，加入歷程，抽離歷程，應用、了解、澄清、發問、核對。雙方共同走出是案主選擇、認為有意思的旅程。

這是台灣在地工作者破天荒書寫的珍貴分享。

目的是想連接在地工作者，希望能共同攜手，開放自我成長實踐的康莊大道。

圖1 治療師和案主相遇時，能量原子變化圖

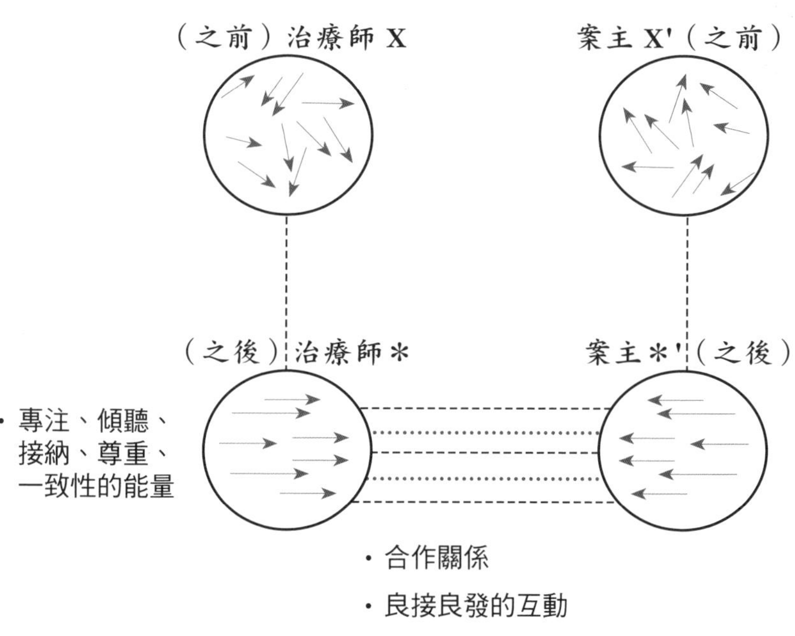

推薦語｜看懂家庭系統的斷裂與暗流

（謹依姓氏筆劃排序）

樂見這本非常本土的家庭治療師成長之旅，在吳就君老師的指導下得以問世，恭喜作者們。

——林家興（國立臺灣師範大學教育心理與輔導學系兼任教授）

進入專業心理諮商的領域已經十年，不管在精神科診所或心理諮商所，「感情諮商」都是當事人來談最主要的議題。我發現，無論當事人前來諮商的動念是因為一方外遇之後夫妻想要重建信任並且修復親密關係，亦或是雙方溝通不良想要透過心理師建立對話平台，亦或是孩子需要專業心理團隊的協助，亦或是一方不堪婚姻壓力亟欲脫離婚姻，都可以看到家庭系統的斷裂與暗流。

在閱讀本書的過程中，我已經忍不住推薦給精神科診所的諮商心理師。我深深覺得，身為治療者，不論原本學習的心理諮商學派是什麼，如果可以培養「家庭系統的敏感度」：適時觀察「夫妻系統、親子系統、手足系統的互動和品質」，同時評估「溝通系統、界線系統、任務分配系統、需求滿足系統的狀態」，能夠看懂「系統中的三角關係」，並且知覺「參與系統斷裂的暗流」，以及知道如何帶領當事人「讓斷裂的家庭系統活絡起來」，相信會對諮商歷程產生微妙顯著的正向影響。

我很喜歡本書的編排方式，在閱讀吳老師和學員們精彩的團督對話紀錄時，彷彿自己也一起參與討論，腦中會自動播放與當事人的諮商歷程，有助於提醒自己「治療師的注意力是否被當事人敘述的內容、家庭帶來的問題、治療師自己的意圖與焦慮淹沒了」，而忽略覺察「家庭系統的動力」。

另外，「學習軌跡」也給了我很多專業的養分，書中提到的各種家庭互動狀況，都是我曾經遇到過的，真心推薦給所有專業助人工作者，也很感謝吳老師及作者們將督導心得無私地分享給大家。

——林萃芬（專業諮商心理師）

做為精神科醫師，日常工作圍繞著患者與家屬。除了藥物、心理治療，對家庭的介入，是治療成效的重要關鍵！

我從大學時代就跟著吳就君老師學習心理劇、團體動力與團體治療，尤其是家族治療。當住院醫師時，與同仁一起研讀吳老師的《人在家庭》，最大的體會是：我們都來自於家庭！

很榮幸將這本書推薦給所有從事「人」的工作者！

——唐心北（臺南市憂鬱症關懷協會名譽理事長、臺南市立安南醫院精神科主治醫師）

我相信治療師需要跟自己接觸，才能真的接得住當事人。

這是一群跟著吳老師學習的夥伴們所撰寫認識「華無式家族治療」的書，裡面是本土家族治療發展與學習的真實軌跡。

藉著作者們無私分享，讓我可以見證與學習吳老師在本土家族治療領域耕耘所啟迪的經驗與知識。

——張貴傑（淡江大學教育心理與諮商研究所副教授）

閱讀此書時，腦海中不時出現自己成為治療師及家族治療師一路走來的景象。在書中，就君老師一一解惑，一步一步的帶領，讓學員能清楚看見家庭動力與家庭系統如何交織在一起，進而培養治療師評估家庭系統互動的眼光。對於未來有興趣想要學習成為家族治療師的夥伴來說，這是一本非常實務的書，值得詳讀與慢慢品味，強力推薦！

——蘇倫慧（環球科技大學通識中心／行銷管理系助理教授、華人伴侶與家族治療協會理事）

前言｜體悟家族治療精髓

黃雅羚（元品心理諮商所所長）

與吳老師相遇前，我們接觸非常多社區個案和家庭，包含性侵家庭、兒童虐待家庭、婚姻暴力家庭、拒學兒少家庭、失落家庭、外遇家庭、高衝突家庭、疏離家庭、關係糾纏家庭、親職化家庭等，深刻感受到個別諮商難以符合個人和家庭對轉化痛苦的期待。二〇一五年，元品心理諮商所同仁與吳就君老師相遇，開啟了我們以系統脈絡看個案，進入個案內在最深切的核心與家庭的恩怨情仇，開始在社區推展與耕耘家族治療。

二〇一六年初秋，我們這群實務工作者渴望精進家族治療的學習，因而促成一整年的團體督導。向吳老師學習是學生與老師、亦是人與人之間的接觸，每個片刻都令我們十分珍惜，希望藉由本書的撰寫、整理，留下珍貴的學習歷程，並描繪此過程對實務工作者的激盪與反思，期能讓更多助人者窺見成為家族治療師的學習軌跡。

團體督導期間，吳老師每個月南下陪我們一起討論伴侶、親子或家族案例。每位團督成員攤開自己的難題，以錄影或報告方式提出督導素材；吳老師運用討論、示範、演練、雕塑、生命經驗分享等方式促進大家投入，引導成員整理生命經驗，鼓勵每個人從自身經驗中體悟家族治療的精髓。

本書內容涵蓋**家族治療的理論概念**和**成為家族治療師的學習軌跡**。家族治療理論部分，我們從一年的學習中挑選出幾個重要概念，包含系統評估、治療師的個人建構、資源觀、整體觀；而家族治療師的學習軌跡，維琴尼亞·薩提爾（Virginia Satir）與吳老師都強調治療師應具有「與人接觸」和「協同合作」的能力。接受吳老師指導時，她將治療師精進自我細分為四個重要概念：**與人接觸、一致性、良接良發、合作關係**，筆者群以此做為撰寫本書的主要架構。

華無式家族治療強調「經驗學習法」，第一章「家庭理論」選取的概念主要來自實務應用歷程。我們將實務現場的現象，進一步在團督形成概念，透過師生對話更鮮明地體現，並且與真實的生命經驗交互驗證。對於一位家族治療師的學習歷程而言，「理論概念」、「實務現場的體現」、「治療師的生命經驗」和「督導的指點」這四個部分都需要交互驗證、經驗與深化。很幸運的是，我們可以藉由團督歷程體驗這四個部分交互發生，最後形成每位團督夥伴最真實、深刻的內在體驗。附帶說明，本章並未涵蓋所有家族治療理論及華無式派典概念，對家族治療有興趣的讀者仍需閱讀、參考其他先進撰寫的書籍。

第二到五章呈現成為家族治療師的學習軌跡。華無式派典最有別於其他家族治療取向之處，是期許家族治療師在訓練和培育過程中要往內省思，自我成長。我們是一群分別來自諮商所、學校、診所、醫院的實務工作者，企圖在寫作中整理向吳老師學習時所感受到的激盪、反芻、思索和內在對話，同時亦看重如何將學習運用於實務，讀者將於書中看見實務與學習兩相參照、對話的軌跡。

本書大部分章節都以一段吳老師的經典語錄做為開端，接著呈現團督現場的師生對話，最後是我們的學習體會與運用於實務的經驗。我們很樂意分享這些 know how，如實保留了精彩的師生對話紀錄，歡迎讀者與我們一同進入被督導的時空，自由體會與連結。讀者可以從感興趣的主題開始閱讀，不一定要按照順序；每篇主題涵蓋的概念相輔相成，區分各章節的目的不只是協助分析，更為了幫助我們整合後能看到一個完整的人。

吳老師被尊稱為台灣家族治療之母，一生貢獻家族治療實務和訓練超過四十年，直到耄耋之年將其畢生對華人家族治療的心法命名為「華無式家族治療」，致力於建構華人家族治療理論與特色。華無式家族治療肯定所有家族治療理論且相互涵納，重視家族治療是「與人一起改變的藝術」，從微觀和巨觀視野接觸家庭，看重人和家庭的內、外在資源，以此來推進治療的改變。吳老師自二〇一〇年開始在台灣、東南亞各地推動並投入「種樹工作坊」，主要是希望促進每位家族治療師可以茁壯屬於自己的這棵樹。當治療師的人格特質與案家相遇時，是人與人、人性與人性的交會，這種全相的互動將會生動而感人地延伸到家族治療的學習經驗。然而，每個人能「體悟」與「運用」的程度不一，通常與治療師的個人成長有關，因此本書也希冀奠基於實務精神之上，融合家族治療概念、治療師的個人學習體悟，與讀者產生共鳴和激盪，持續耕耘並茁壯治療師這棵能夠與人接觸、協同合作和有人味的樹。

最後，本書的完成除了作者群彼此的共學、激盪與火花，也要感謝二〇一六年從初秋到二〇一七年夏末一起團督的夥伴：靈活有創意的瓊方、真誠耐心的依璇、溫潤的花環、充滿哲思的家弘，尤其家弘對於催生本書厥功甚偉，行政上聰穎的冠儀和細心的宜嫻給了我們堅強的後盾。感謝張老師文化公司俞壽成總編輯對於華人家族治療的關注和支持，而我與吳老師的相遇是此生最美的詩篇，一切對吳老師的感激和感動，化為對家族治療的精進與推動。

家族治療師的練功房

轉化、成長與精進

Chapter 1

家庭理論

黃雅羚

一｜從家庭三角關係介入系統

家族治療很重要的敏感度是看系統，不是聽內容，而系統很抽象，該如何看系統？可以從家庭父、母、子的三角關係學習。——吳就君

前情提要

團督時，提案人學員 E 播放一段家庭會談錄影，參與者有案家三位成員（父親、母親、16 歲的兒子浩浩）和治療師，會談內容為父親忙於工作，兒子表達想要多跟父親談自己的感受；父親表示會調整，也表達對兒子的不滿。學員 E 想要了解如何促進父親接納兒子的感受，而非總是指責的反應。

吳老師：想聽聽大家從這段影片看到什麼？也可以看看自己的眼光和對案家的假設為何？

學員 A：我覺得父親處於防衛的狀態，表達出一些改變的意願。如果我是治療師，我會肯定父親願意調整的態度來化解他的抗拒，促進雙方改變的可能。

吳老師：一位父親聽到兒子對他說：「你常發脾氣，轉移到我身上來。」而這位爸爸欣然接受，有意願改變，你們覺得如何？以一個治療師來說，你將父親如此反應看作是抗拒行為，這是你的假設，也

可能是你的投射。對我來說，我還不太了解你的假設。

學員B：我從影片看到，覺得母親與兒子關係很緊密，父親與兒子不像是父子關係，兒子有一點點母親的影子，所以我想要了解母親怎麼看這件事情。兒子對於父親工作回來會發脾氣感到不滿，母親卻表現得非常了解兒子，好像與兒子是共融在一起。我想問，母親對於父親工作回來的情緒反應有什麼看法？

吳老師：我相當肯定你的觀察、感覺、知覺和敏感度，因為你是看系統，而非只聽內容而已，這就是在看「家庭三角關係」。家族治療很重要的敏感度是看系統，不是聽內容，而系統很抽象，該如何看系統？可以從家庭父、母、子三人的三角關係學習。對三角關係有一個觀察和觀點，這是家族治療師正確的訓練。

學員C：我對母親比較困惑，同樣兩個男人，何以母親支持兒子而不是支持她的先生？

吳老師：有意思！那麼你試著用這樣的眼光繼續想像她的家庭動力。

學員C：我認為衍生出來的是母親和兒子有點同盟，這樣的夫妻關係會變得疏離。我有兩條線出來，一個是夫妻關係，另一個是親子關係。父親被指控，失去了親職的權力。

吳老師：所以你想做親權的工作嗎？

學員C：不是，我想做夫妻關係。

吳老師：每個人都有獨特的知覺、眼光，也有獨特的語言運用方式。你用了同盟、夫妻疏離的概念，而我用動力的語言講法是母親和兒子較親近，然而母親的親密關係原來想要從配偶（父親）獲得，也就是說母親的親密要從父親那裡得到，但她得不到，所以驅使母親和兒子親近。

學員C：老師，我也想要介入夫妻系統，不知道語言上該如何運用？

吳老師：我們看一個現象，每個人都可能有自己獨特的眼光和語言。我很鼓勵每個人練習用自己的眼光、想法和語言，這是成為治療師的專業自我訓練之一。你們發展你們的眼光和語言，逐漸會運用自己及思考接下來想做什麼。如果你的假設成立，你會做什麼？

學員C：我會想要做一點夫妻，但不知道該如何說？

吳老師：冒險說吧！

學員C：我可能會向母親說：「我看到媽媽，妳好像很明白孩子的心情，那妳對先生呢？」

吳老師：我調整一下，給你做個參考，我會說：「我看到媽媽，妳對孩子有妳自己蠻了解的部分，而這個東西妳和妳先生討論過嗎？」這個說法我有方向，準備將過程引導到夫妻系統。

學員 C：我要碰夫妻系統，不見得要去促進他們夫妻相互了解，包含情感和親職上的合作，我可以這樣理解嗎？

吳老師：可以啊！我想多說一點，我們不是要教案主，例如治療師想提醒妻子要注意和先生的感情喔！這一類東西不是治療師該做的。治療師要和案主一起去了解問題，運用家庭動力引導夫妻互動的過程。此時夫妻可能會逃避，轉換話題到兒子的問題，互動進入親子系統，沒有關係。治療師要清楚自己的動來動去在哪一條系統上，你要清楚你的目標在哪裡；案家動到哪裡，你都有方向，要清楚你可以做的事情。

學員 A：老師，所謂的夫妻系統是這個議題要停留在夫妻關係內的意思嗎？也就是把議題轉為停留在夫妻的層次上，案家夫妻有沒有討論孩子的問題等等。

吳老師：不是，可能我用法不一樣，我不會說停留，我會說家族治療師要做的是家庭系統的活化和刺激介入。我會抽離家庭系統，思考一方面順著家庭出來的動力，參與家庭系統的過程，同時一方面引導家庭動力，使它更有彈性。這樣動來動去，好比在夫妻互動裡注入新的元素，經過多次來回，他們會走出自己的內在過程和想要的互動方式。當系統變了，個體也隨之改變。我們不是去教當事人的感情要如何變好等等，我覺得這都不是你們要花功夫想的。

學員C：老師，我想進一步核對一下，這是否是妳所強調的「過程」？

吳老師：對啊，我們都要努力走出不同的過程。

學員C：治療師不是去促進夫妻如何關心另一半、如何了解彼此的情感，而是回到夫妻有沒有交換對孩子的看法，夫妻彼此有交流，了解彼此的異同。

吳老師：剛剛示範的案家，妻子被你這麼一問：「妳有沒有跟先生談過？」妻子內心會想，我就是無法和我先生談這些話，這種新仇舊恨都會在肚子裡打轉，平時累積的不滿，今天你給我這麼一問，妻子也可能坦白講：「沒有。」治療師就要接著問：「妳跟先生談這些話有什麼困難嗎？」治療師的工作是刺激家庭去面對系統的「斷裂」，在治療師溫暖、信任的氛圍下，鼓起勇氣，面對學習。

學員D：我的看法是如果治療師當初有接觸父親，當下就可能浮現夫妻系統或親子系統的互動，那麼我們可以進入親子系統嗎？

吳老師：我支持你的思路，就照著你這樣做，條條路線都是機會。往往提案人希望談親子，那麼就順著進入親子系統的互動，其中必然會與夫妻系統交錯，可以依著治療師的心理地圖與當下進行的過程做最適當的介入。比如你會說，你看到母親常替兒子代言，但家族治療是讓家裡每個人都會為自己的一切發言。如果有代言人，就是你介入的機會。我會馬上介入，切入親子系統，我的切入也在調整家庭規則。

學員D：身為治療師要怎麼介入？

吳老師：以這個個案為例，我的心理地圖假設這位母親長期以來與丈夫的親密有挫折感，轉而與兒子的親密取代。我會說：「浩浩講話，媽媽會替他解釋，那我要問浩浩，媽媽對你解釋，就是你的意思嗎？」這是親子系統的介入。浩浩說：「是。」我會說：「喔，媽媽很了解兒子喔！」這時候母親可能很得意的樣子，我會接著問：「浩浩，你希望媽媽替你講，還是你講你自己的事？」這時候我正在介入他們的家庭規則：他人可以替自己發言。浩浩已經十幾歲，如果他說：「我要自己講。」或是「我要媽媽替我講。」我會說：「為什麼要媽媽替你講？」不管案家回答什麼，這是做親子關係的線，是治療師可以做的事情。孩子也可能說：「我怕我講多了會被罵。」治療師要進一步了解這又隱藏了什麼。我先徵得母親同意，是否允許我了解浩浩怕被罵的事，以及浩浩內心害怕什麼。

學員D：做家族治療師的角色和親子會談的角色有什麼不同？

吳老師：同中有異，異中有同，基本上是服務案主的需要。**如何讓案主最有可能得到好處？一般來說，家族治療師的角色是要讓家庭的功能出現，家庭的溝通清楚，讓每個人講自己的話。功能好的家庭，溝通清楚、家庭規則有彈性、家庭系統有界線、家庭對外在環境的看法是開放的。治療師不能不順著家庭動力走，可是也不能被家庭全帶著走，要怎麼樣才能夠順著走但又不被帶走呢？關鍵就是你知道現在你在做什麼。你要清清楚楚知道自己在做什麼，這是我們的訓練想要加強的地方。**

學員E：老師，這個個案是我提的，上述討論讓我有些混亂，因為我要他們看到父親也想靠近兒子，但上面的討論好像我需要拉線到父親和母親之間，這不是我的做法。

吳老師：你的說法提醒我，你和我對案家提出問題的評估不同，做法也不同吧！可以聽聽看我的評估嗎？我聽到這個案家的整體資訊，爸爸很想靠近兒子，我會假設夫妻之間互相競爭兒子的愛，逃避彼此的關係，我的眼光會如此。

學員E：我不太懂何以父母要競爭孩子的愛？

吳老師：現場當父親、母親的有誰？（多人舉手）我們離開這個案家的場景，回到自己的經驗，好嗎？剛剛談到父母競爭子女的愛，你能體會到的可以分享一下嗎？

學員F：有時候我和孩子的親近比先生多一些，我就覺得我是多數，先生需要跟著我走，也證明我是對的，有那種微妙的感受。

學員G：雖然我不是父母，在家中的角色是孩子，我聽到母親會對父親說：「孩子也那樣說。」父母會拉同盟。父親則說：「你們跟你們的母親比較好。」或是用激烈的方式讓我們不要跟母親或其他親戚見面。

學員F：在家庭中，我覺得還有一種被孩子愛的感覺。你被孩子喜愛，會感覺自己有一種吸引力。

學員A：我的部分是，我覺得我當媽媽付出比較多，孩子要比較聽我的話，比較認同我的價值觀。

吳老師：你覺得孩子應該最感恩的是媽媽？

學員A：對，所以當孩子與父親比較好時，我會有吃醋的感覺。我做那麼多，你們竟然比較喜歡爸爸，爸爸只是帶你們出去吃冰淇淋啊！

學員C：我覺得有時候好像回到三角關係。我好像是多餘的或不甘心被排擠，所以進行競爭，衝擊我的自尊，我好像輸了。

吳老師：你們談得很傳神。當你們開始進入家庭系統，要長出家庭動力的細胞的話，能夠聽到你們內在這些訊息，我覺得很值得多去接觸自己的經驗，發展這些眼光。

學習軌跡

了解家庭關係與家庭動力，要從生命中第一個三角關係（父、母、子）開始。薩提爾揭示三角關係發生的現象，當夫妻爭吵，子女通常會感應到並介入，把父母的注意力轉移到自己身上，於是爭吵停止了；有時候夫妻和諧相處，子女也會介入，因為落單的感覺希望把父母的注意力轉移到自己身上。

治療師培養觀察家庭三角關係的眼光，除了理論的提醒，很重要的是從自身成長經驗、家庭和婚姻經驗的溯源、探索中，了解問題發生與家庭動力三角關係的關聯。吳老師引導團督學員分享家庭中的三角關係經驗，哇！所有學員的嗅覺都被打開，每個家庭的三角關係都立體了起來，這是看了百遍理論書籍都學不到的經驗！

我們經常可以從自身家庭經驗中發現，當夫妻一方感覺被冷落、不受關注、想得到肯定、低自尊作祟，或夫妻競爭權力、對婚姻失去信心時，就會競爭孩子的愛和注意力，彌補婚姻關係未被滿足的需求。

治療師需要有敏察三角關係的眼光，幫助家庭調整三角關係的動力，但不是去批判家庭。如果治療師無法看清三角關係的運作，可能是未深入整理自身家庭經驗，也沒有在這些經驗中接觸自己。華無式家族治療的訓練鼓勵治療師進行「家庭溯源」，有系統地探索早期成長經驗，包含早年父母相遇及成婚、當時的社會脈絡、家庭成員的生存姿態、互動型態，以及對子女的影響等等。

治療師如何調整家庭的三角關係？三角關係並非病態或問題，而是家庭系統為了緩解夫妻關係緊張，經常讓孩子涉入太多，使孩子的成長付出人際界線模糊不清或糾結混亂的代價。當治療師要微調家庭系統的三角關係現象，從親子關係或夫妻關係互動軸線介入都可以。一般而言，父母比較願意談親子議題，深入去談夫妻關係容易觸及他們長期難以面對的親密關係議題，引起緊張焦慮，很容易轉移話題。治療師可以順著家庭的動力走，先走一些親子關係互動軸線，最終仍要回到夫妻關係互動軸線。常見的引導可以是：「當孩子有這些行為，你們的看法如何？你們對彼此有什麼看法？當你們看法不一樣時，會怎麼做？你們如何看彼此的態度不一樣？」吳老師在團督歷程分享：「治療師不能不順著家庭動力走，可是也不能被家庭全帶著走。」這部分非常考驗治療師對內的自我親近、了解和接納，對外的家庭評估能力、治療方向，以及如何與家庭建立工作夥伴關係。

二｜家庭參與系統斷裂與治療介入

全家人在一起，但是家人參與是斷裂的，可以說家庭動力的暗流就在那裡。治療介入是要讓系統活起來，讓系統整合起來。——吳就君

前情提要

團督時，提案人學員 A 播放第五次家庭會談錄影片段，參與者有案家五位成員（阿公、阿嬤、長孫阿元、二孫阿瑞、孫女小玉）和治療師，主要內容是阿公表達對阿元退學的擔憂，但其他家人都很接納此事，阿公仍耿耿於懷。學員 A 認為家人的溝通似乎不能談情感面，希望提出錄影片段接受督導。

吳老師：（對學員 A）請你提供家人的溝通不能提情感面的互動歷程，好嗎？而你在其中做了什麼？家人又如何回應你？你舉個例子。

學員 A：我直接問阿瑞：「阿公戒菸後，你對於阿公的感覺怎麼樣？」然後問阿公：「孫子這樣的感覺，你的感覺怎麼樣？」阿公表示：「這些我都知道，這不用說。」我也想刺激阿公和孫子彼此談感覺。

吳老師：抱歉，我要暫時放下你提出的問題，好嗎？因為

看了錄影之後，我注意到家人互動歷程有嚴重參與斷裂的問題，這就是治療介入的地方。這次提案的錄影片段已經進行了五次會談，以家庭動力的觀點來看，家人的參與度相當不一致，兩個人（阿元和小玉）都在看手機，阿嬤也不做反應，而你（學員 A）和阿瑞、阿公三個人在互動。你們是三角，其他三個人沒有參與，也可以說他們沒在聽，你覺得案家他們在聽嗎？

學員 A：我確定阿嬤及阿瑞有在聽，但如果是阿公講話，阿元有時候不會聽。

吳老師：這樣的情景，如果是第一、二次家族治療做為了解或評估，我還可以接受，但如果是第五次的目標，我認為治療師要先做系統介入：全家人在一起，但是家人參與是斷裂的，參與系統的斷裂也可以說家庭動力的暗流就在那裡。我會假設阿公和某個家庭成員兩人互動，其他人卻沒興趣或不加入。只要是阿公跟誰互動，參與系統就出現斷裂，這表示什麼？至少我會假設阿公是孤立的，**家庭關係有暗流，我的治療介入是要讓系統活起來，讓系統整合起來，全體的人都可以進來**。當阿公開始和孫子談抽菸的議題，其他家人卻好像習慣性地各做各的、愛理不理，我會適時說：「我們現在談阿公抽菸的問題，我想邀請全家人都發表意見，我們大家彼此聽一下。」用這個方式邀請大家投入，看看誰要先說，是一直沉默的阿嬤先說，還是其他孫子先說，或是誰都不說的話，這時候我會說：「這個題目和你們沒有關係，是嗎？還是你們不敢講？」挑戰這個系統。我猜阿嬤這時候會發言，你（學員 A）認為呢？

學員 A：阿嬤可能會說：「孩子都知道阿公有戒菸啦！」

吳老師：如果大家都知道阿公有戒菸的問題，那我會問：「妳（阿嬤）的看法怎麼樣？」邀請阿嬤進來，她講完之後，再對沉默的孫子說：「阿嬤說你們都知道了，現在要談阿公戒菸的事情，你們的看法如何？」要在這個地方讓參與系統建立起來，就是修補這個斷裂的系統。我可以想像這個祖孫家庭長期下來，加上有過一個悲慘的痛苦事件（多年前母親自殺），大家不堪回憶，家庭系統斷裂已久……

學員 A：我可以試試。

吳老師：我有個假設，這個阿公已經七十幾歲，過去人生在外活躍，又有很多老來後悔的事，一輩子都沒有成就。他的個性熱情、海派，可是自己老了，女人沒有了，自覺吸引力少了，注意力都在關注孫子。他想要有親密感，但是親密的需求應該建立在老婆身上。阿公與阿嬤的親密關係，你的評估如何？

學員 A：我的評估是他們老夫老妻之間常常意見不和，講沒幾句話，阿公就甩頭不理她，或阿嬤講話，阿公就沒有在聽。

吳老師：這些現象都沒有放到檯面上，大家一起面對嗎？

學員 A：還沒有。

吳老師：我會試著放在檯面上，想評估看看老夫老妻能否活絡些，十分活絡到三分。

學員 A：我覺得應該可以，也值得嘗試。阿公常講人生的看法，阿嬤會講自己的看法。大家都肯定阿嬤，但是阿公會說女人懂什麼！我覺得那是男人的耍賴。

學習軌跡

當一位家庭成員有話要說，其他家人都不感興趣，吳老師提醒這種現象是「家庭參與系統的斷裂」，讓團督夥伴們震驚不已！我們不曾這樣描述家庭，也可以說缺乏以家庭系統觀的眼光了解家庭。閱讀家族治療相關理論書籍，再再提醒我們要有家庭系統觀的眼光。實際接觸家庭時才發現，治療師的注意力早已被每個人說的內容、家庭的問題和張力、治療師自己的意圖及焦慮占滿了，將家庭系統運作的特徵和品質拋諸腦後，更不用說發揮「家庭系統觀的眼光」了。深深體會到評估家庭系統互動的眼光實在是不容易發動啊！這種學習還是需要從實際觀察家庭慢慢培養。

治療師要評估家庭參與系統的結構與品質。以上述案家為例，參與系統的結構包含：阿公和阿嬤的夫妻系統；阿公、阿嬤與孫子之間的親子系統；還有孫子之間的手足系統。案家的參與系統品質如何？觀察家庭成員說話、接收訊息的過程不難發現，阿公與孫子的對話是中斷的，而阿公和阿嬤夫妻系統的溝通也早已斷裂。對於這個系統斷裂的現象，團督夥伴看錄影時只認為家庭成員「不感興趣」，而未以系統觀的眼光去檢索，真是有些汗顏啊！當家庭系統斷裂的現象未被治療師關注和介入，治療師的治療意圖、成員間的情感和溝通都達不到效用，也可以形容為系統輸出、輸入的管線斷裂，難以傳遞養分的概念。

家族治療的介入是要讓阻礙家庭系統活化和整合的部分暢通起來。治療介入要有效用，治療師的首要工作是讓家庭系統活起來，所有家庭成員都可以投入。治療師如何讓斷裂的家庭系統活絡起來，需要先關注到這個現象，不斷刺激系統，讓系統對話。家族治療師的主要工作是與系統工作，而不是為系統解決問題。家族治療的假設是，當系統運作越來越流動且有彈性、溝通越來越順暢，可以運用其優勢和資源，加強與外界良好互動的能力，自然能產生解決困境的方法。

回想幾年前開始從個別諮商轉到家庭會談，以為多位家人一起在會談室談話就是進行家族治療，後來持續到很多家族治療工作坊進修，仍以為與多位家人一起討論某個議題、共同面對解決就是家族治療，沒有將家庭系統工作視為家族治療的核心。家族治療師的角色究竟是什麼？吳老師強調家族治療師的角色和任務是去調整系統的動力流動，而非指導家庭該做什麼或不該做什麼；家庭系統在治療師多次發問、刺激、衝擊之下，自然會開始溝通，彼此交流感受。實務上，案家都是帶著抱怨和問題來的，在實務現場要常提醒自己勿掉入解決問題的陷阱，持續聚焦於家族治療的核心介入。

進行家族治療時，治療師要覺察三套系統的流動：家庭系統、家庭系統和治療師之間的互動系統，以及治療師內在系統的流動。治療師要觀察家庭成員的互動是否流暢、開放、尊重，同時觀察家庭成員與治療師之間的互動系統，明白當自己介入時，家庭成員面對外在的干預、介入，很容易感受到威脅，可能團結起來對抗治療師，甚至退出治療。治療師要如何促進家庭系統流動？第五章「良接良發」有清楚的描寫。治療師也要觀察內在系統的流動，包含自己的感受／感知／覺察為何？有什麼期待？這考驗治療師「與人接觸」和「一致性」的功夫。若讀者對這兩個主題有興趣，請參見第二、三章。

系統的觀察可以藉由團體動力課程學習。系統和系統動力是抽象、無形無狀的，卻形塑了一群人交互影響的面貌。團體動力課程包含治療師觀察人我關係、情境對人的影響、群體關係的動力，覺察團體互動中的「我」和「他人」，進一步對團體動力的發展和團體成員的心理動力變化產生精準的解讀，可說是家族治療師的入門功課。至於如何提升治療師的系統觀眼光，則需要資深治療師的教導和提點，這也是何以學習家族治療除了課程以外，需要接受團體督導和個別督導，不斷深化與案家工作的能力。能夠有吳老師陪著我們走這段治療歷程是很美妙的學習經驗，也避免實務工作挫敗經驗過多而中止了邁向家族治療師之路。

三｜治療師學習系統觀之實踐

夫妻系統、親子系統、手足系統有輕重先後，你似乎覺得我照這個順序做，但是實際上有很多變奏曲，所以重點是你要會看這些系統，而且同步在你腦袋中運作。

——吳就君

前情提要

延續上一節五位祖孫成員的案例，吳老師進行一段模擬示範，兩位團督學員也跟著練習一次並分享扮演後的感受。

學員 A：我剛才爭取練習，是因為這個現象在我的實務經驗中也很常見，很希望老師示範後，可以看看自己有哪些體會。我練習後有個體會，我們專業人員一直在談家庭動力，但我剛才進入案家五位成員的互動裡，以往做個別（諮商）的眼光，到現在開始做親子會談，發現除了我正在促進的某一個關係系統之外，還有其他的關係系統在相互影響。我剛才看老師的示範在做親子關係的促進，但同時其他人的互動或其他關係系統也會進入老師的頭腦中評估。我很好奇，身為治療師該如何促進各個系統同步運作的眼光？對照我自己的眼光，我只能專注某一個系統，互動的眼光是不同的。

吳老師：你已經驗到你的腦袋可以同時有不同的系統互動在同步運作了。

學員 A：從剛才的示範和我自己上場練習一次，我有感受到系統同步運作的狀態。

吳老師：這一點對剛開始學習的人，聽的如何？這是學員 A 開始長出這樣的腦袋，但是初學家族治療的人做親子系統時，腦袋中常常只有親子系統，其他系統就開始空白了。剛才聽學員 A 分享，他的學習開始進階，因為做親子系統時，夫妻系統和手足系統都同時在腦袋裡轉，隨著過程發展，什麼時候進入什麼關係系統，你清清楚楚，這樣你們聽的如何？

學員 B：我可以聽懂的是，家族會談中同時有多個關係系統在同步互動，我們能不能注意到語言和非語言呈現出來他們現在的關係如何，這是我可以理解的。老師進一步提到，能不能感覺到因為過程走到哪裡，而我們能不能進去，這部分我還不行，我覺得很抽象。

吳老師：我剛剛示範的時候，從親子系統到夫妻系統，有沒有看到我也做手足系統？

所有學員：有。

吳老師：那很好，這三個系統隨著過程轉。

學員B：老師，妳是嘗試看看嗎？還是妳從什麼地方看出來可以嘗試？

吳老師：都是當下。剛剛演練中有一段，阿瑞解讀阿元對阿公的談話感到很煩，我馬上問阿元：「阿瑞的了解，對嗎？」這是做手足系統。阿元說:「對。」我試著想要從這樣的核對裡，進入大家煩這個阿公，而阿公是那麼海派、那麼希望人家喜歡我，這樣的一個人聽到別人說他煩，他一定很受不了，而我願意讓他受不了。阿公已經是七十幾歲的男性，這樣的受不了到一定程度，我就會切入妻子的部分，而這個地方，如果你問我是蓄意這樣嗎？我會說不是。**家庭系統走來走去，你都是在每個當下知道發生這個互動的時候，你該做些什麼。而該做些什麼這個話題，又帶出來刺激另一個系統，你就順水推舟**。孫子對阿公的煩是一個家庭的暗流，阿公從來不准孫子把這個話題放到檯面上，孫子也不敢冒犯，將這個話題帶到檯面上，這是家族治療師最真實的反映，但是要帶上來之前，我要先鞏固夫妻系統，不能把這部分放在親子之間。

學員C：老師，我剛剛扮演個案的時候，覺得妳的軸線很清楚，但是我接案時不太清楚我的軸線，例如我們見案家的前三次會談，有哪些是需要評估和弄清楚的？例如今天我看見案家的參與度、結構的統整，還有哪些在初期會談需要去看的？

吳老師：你是不是在問我，當我們見家庭時，開頭需要去看什麼？

所有學員：對。

吳老師：原則上好像有這麼一回事，但實際上是隨緣啦！

（大家都笑了）

吳老師：每一個當下出來的都不一樣。

學員C：老師，我覺得一定有，因為太清楚，一定要挑出來，我覺得是精華。

吳老師：我覺得這是家族治療很值得整理出來的。**第一，我會看家庭的參與系統；第二，我要看的是參與系統的結構斷裂**。今天看到的是這兩個，然而是不是每個家庭都如此？這值得看看，我也很希望你們替我整理。

學員C：老師，我覺得妳有一個評估的列表清單，然後妳會依序去評估。

吳老師：**溝通系統很複雜，溝通有沒有聚焦？有沒有情感管道？很難講每個家庭都一樣，但究竟我會去看哪些面向？最基本的三個系統：夫妻系統、手足系統、親子系統，再下來是溝通系統、界線系統、任務分配系統、需求滿足系統等等，究竟哪個先哪個後？我覺得不一定，這需要體會**。

學員C：老師，我發現從之前團督到現在，妳是先著重夫妻系統，再著重親子系統，最後才是手足系統。

吳老師：這個有，輕重先後有，你似乎覺得我照著這個順序做，但是實際上有很多變奏曲，所以重點是你會看這些系統，而且同步在你腦袋中運作。就像學員 A 說的，他一直學到現在，在治療歷程開始同步這些系統的變化，所以很多系統的概念，腦袋不會同步出來，也難以實踐系統觀。

學習軌跡

吳老師在《沙灘上的療癒者》寫道：「家庭不僅是一群人的集合體，更是一個自然系統。居住其中的人發展出一套規則、角色、權力架構……的方法，以便完成各種生存任務，如經濟、養育、情感、保護、社會化功能。」當家庭來到我們面前，能否觀察到上述家庭系統的特徵，持續發問、擷取重要訊息並加以整合，進而能描述、評估家庭系統互動的特徵及品質？個別成員的行為及其所屬的家庭系統之間有什麼關係？家庭中的夫妻系統、親子系統、手足系統有何特徵？家庭如何影響個別的家庭成員，使之成為一個整體的家？對我而言，大約持續與家庭工作四、五年後才開始真正有系統觀的眼光。培養這種眼光需要在「動態家庭」中觀察與體會，也就是與案家接觸時，一方面要即時回應家庭的訊息，同時仔細觀察和評估家庭。常見的現象是，治療師的頭腦被案家帶來的問題占據，認為家庭問題是某些人的責任、家庭發病者就是問題所在或捲進家人的抱怨等等，如此看待家庭可能是問題解決的眼光，家庭系統觀的眼光需要反覆省思、練習，不然只是紙上談兵。

治療師實踐系統觀，是接觸家庭系統時能夠 IN 和 OUT 的歷程。與家庭接觸時，治療師要有 IN 的涉入狀態，也要有 OUT 的觀察評估狀態。IN 的狀態是接觸每個家庭成員，體會家人互動的感受；OUT 的狀態是客觀拉開一些距離，提問、促進系統動力或安靜觀察。初學家族治療時，以為已閱讀許多相關書籍，參與了不少工作坊，應該可以有所作為。然而實際與案家相遇時，當下的情緒非常焦慮、茫然，觀察家庭系統的特徵呈現空白、難以運作的狀態，不知從何看起或根本看不懂家庭。

經過四、五年持續不斷與案家接觸，我才明白原來除了家庭知識，治療師需要「學習以放鬆的狀態」與案家相遇，也要有意識地切換內在的狀態，與家庭系統維持時而 IN、時而 OUT 的狀態，並隨時在兩個狀態中彈性遊走。如果治療師長期從事個別諮商工作，與案家相遇時很容易處於 IN 的狀態，開始轉換為與家庭工作時，需要提醒自己要有 OUT 的狀態。治療師對這種轉換可能有些彆扭、慌亂，擔心遺漏了訊息或出現模糊、空白的狀態。一切都不熟悉，所以需要練功。

治療師進一步實踐系統觀，是同時看見次系統間的相互牽引。初學者與案家相遇時，往往容易陷入某一個次系統的視框，如促進親子系統，只看親子系統的訊息、溝通和關係；若促進夫妻系統，只看夫妻系統的訊息、溝通和關係。從上述對話紀錄可以發現，當親子系統出現問題，治療師也要去看同步運作的夫妻系統和手足系統「如何影響和被影響」。當治療師看懂了家庭系統，三個次系統的視框同時在腦海中並存運作，下一個階段是能夠與家庭互動的韻律同步。至於如何逐步引導家庭？則是第三個階段的學習目標。

治療師依循系統動力保持評估，但不盲目跟隨。最後，讓我們運用上述對話紀錄來練習實踐系統觀。當家庭帶來的問題是親子系統衝突，治療方向是否從親子系統著手？其實不一定，因為親子系統問題往往反映夫妻系統的不安與長年未解決的議題。夫妻可能將此不安情緒轉移到親子系統來發酵，形成所謂的三角關係或發病者。家族治療師要如何跟著家庭系統的動力走，但又不被帶著走？可以從親子系統切入，但要納入夫妻系統對親子衝突的觀察，例如家庭會談的焦點是阿公和孫子相處不睦，治療師可以加入阿嬤的看法，接著問阿公、阿嬤這對夫妻有何溝通和討論，刺激夫妻系統的活絡。期許我們能循著動力走入家庭，看見家庭的全貌，適時為原有的動力帶來激化和活絡。

家庭是一首變奏曲。參與團督的學員都很好奇，吳老師身為台灣家族治療大師，看待家庭系統的眼光落點及順序如何。經過一再追問，吳老師道出主要看夫妻、親子和手足三個次系統，接著是溝通系統、界線系統、任務分配系統和需求滿足系統，並說家庭是一首變奏曲，不需要用清單或順序硬套在家庭評估上。這段師生互動真有趣，越資深的治療師，越能自在地與家庭工作；越資淺的治療師，越是希望能有一套標準作業流程可以套用，其間的差異或許反映出治療師對各種家庭的接納度和對自己的信心吧！

回想每次在吳老師台北的書房接受督導，吳老師咀嚼過案例後，重新談起對家庭的看法，總是令我訝異又驚喜，感受到一位資深治療師對各種家庭的接納，使我在成為治療師的成長路上，更有勇氣與希望繼續向前行。

四｜整體觀

當我對人能夠全面了解，一切的現象是互相關聯，而不是獨立存在時，欣賞的態度會油然而生。這個差異我要用整體性的眼光，必然只有欣賞的位置。——吳就君

前情提要

提案人學員 A 提出一對夫妻個案，丈夫認為妻子情緒不穩，妻子覺得丈夫不了解她。提案人感受到夫妻都不投入會談，呈現疏離狀態，但是每週仍出席會談。此次安排兩位學員扮演夫妻，提案人接受吳老師督導。以下對話是角色扮演後的討論。

學員 A：我剛才扮演太太的角色，原本是有情緒的，為什麼願意繼續談下去？因為看到老師剛才的示範是支持先生的。（對吳老師）妳的支持讓我先生可以多表達他自己，這正是我期待的，所以雖然我有情緒，仍願意談下去。但是如果太快要我接受這個差異，我會有種不爽的心情，就是我的需求沒有被對方真正聽見。我沒有真正看到他，他也沒有真正看到我。老師，妳剛剛的示範是妳肯定先生有表達，不是一個仲裁者，不是說他表達什麼是對的，這樣的介入是我願意談的原因，否則

我會認為妳說他的是好的，那我的就是不好的，我就不願意講我的部分了。如果老師妳回應的摘要是肯定的內容，會讓我覺得不舒服，但因為妳是肯定先生的表達而且很精簡，是我身為太太可以接受的。

學員 B：我剛才聽學員 A 這麼說，覺得老師是在鼓勵先生的一致性發展。

吳老師：常常去摘要別人的話，會覺得容易扭曲對方。如果你說他講得很好、講得很對，那相對的另一個人會如何感受呢？我常常說我們對現象的取向是全面性的，要保持「全相」。全相是夫妻兩個人都共同存在，所以我們沒有必要對其中一個人說他很對、他很好。我常會說：「這樣好美、我好欣賞。」這是對整體而言，我是對你們一來一往的部分感到欣賞，不是對某一個人做對了，哪一個人做得不太好，我不站在評價的位置。語言上，我不用「對、好」，我只講「美、欣賞」。

學員 C：老師，妳這部分是有一個哲學觀在支撐著妳嗎？讓妳往這個方向走。

吳老師：**我想，一個人對人表達支持或幫助時，不管對方表現如何，我都要用欣賞的態度。治療師的態度常常是這個位置**。來到治療室的夫妻，他們各有各的特色，各有個別差異，如果你對他們兩個講話，表示誰好、誰不好，那就落入對錯的位置。

學員 C：老師，妳欣賞夫妻之間有差異，跟整體的眼光有什麼關聯性？

吳老師：你提到差異的欣賞，當我對人能夠全面了解，一切的現象是互相關聯，而不是獨立存在時，欣賞的態度會油然而生。這個差異我要用整體性的眼光，必然只有欣賞的位置。

學員 C：近的看永遠是差異，退一步看才能欣賞。

吳老師：對，退一步才能夠看到整體，而看到整體時，心中不由得欣賞起來。

學員 D：老師，家族治療師與家庭工作時，也需要有所評估，而妳一直提到要看整體，但是追求概念化的解析是否容易切割案家？

吳老師：你的說法其實可以由你繼續申述來說明，**概念化和對於家庭全相的了解其實並不衝突。如果你為了知道全相，而不去評估或概念化案家，那你的進步會是有限的。這樣的思維是分分合合、合合分分的歷程，像我們華人文化較著重整合，因為分析性較少，但也因為對於學習的分析不多，使得華人的學習每一次都抓一點點，要抓好久才懂得整體。為什麼我們的學習要花那麼長的時間，因為我們沒有分開動作的習慣。如果能分開動作，之後再加強整合就很好。**

學習軌跡

以「問題」眼光看待案家，讓治療變得沉重。初學家族治療時，很容易陷入家庭或夫妻所提的問題，或認為問題出在某人身上，而這個「必有問題」的眼光，讓治療師與案家同時往「問題」、「誰產生問題」、「解決問題」等方向深入，也造成案家一開始就不斷被有色眼鏡來回檢視，感到不舒服，陷入相互指責或討論對錯，往往會排斥甚至中斷治療；而治療師這一方擔負起幫助案家尋找問題原因和解決的責任，與案家工作變得相當沉重。

接觸華無式取向時正值專業上的低潮，一直看問題、接觸問題，覺得無比沉重；案主也常問我，何以諮商如此痛苦？當初有一套對案主說明的方式，如接觸到最痛苦的時候，往往好的感受會開始出現，但是案主卻覺得害怕。那時我一直在尋找解套的取向，接觸到吳老師最震撼的是，她要我們去感受和思考案主為什麼會來？案主和我們在一起，想要獲得什麼？與案主相遇時，案主根本的渴望是什麼？這個渴望往往不是表象的問題。與案主一起探討上述問題時，他們覺得自己的渴望、需要、期待、痛苦、資源、情境都被治療師看見、了解和接納。與案主的人性相遇，比問題解決更接近整體。

家族治療是「與人一起改變的工作」。除了技術面和教導面，薩提爾與吳老師更強調「與人接觸」和「協同合作」。與人接觸是一種以全人為本的、柔軟的、人性化的互動過程。全人的意思是「成為能夠覺察主客體的身、心、社會、靈性的人」。每個人都有感受、情緒、欲望、理智、靈性等獨特的生命能量，每個人是如此不同，又希望異中求同。我們是天地間的微塵，共同構成天、地、人、整體，這是吳老師一直在分享的胸懷與視野。談到此，想到治療室裡的男性一開始常說：「我沒有問題，看看太太想談什麼。」以前會覺得這些男性在展現優越、壓抑情感或是抗拒，隨著深入接觸之後，我的態度逐漸有了轉變，越發感受到男性在生活、婚姻和社會層面非常努力，也需要治療師的看重和感覺有面子。如果治療師能夠越來越以人為本，站在中心點的位置，不做是非對錯的價值判斷，而是誠懇探問夫妻最想要改變什麼，就能逐步實踐家族治療與人一起改變的工作。

治療師調整焦距，從微觀和巨觀視野接觸家庭。剛開始學習時，對於吳老師常提及的整體觀和全相觀感到非常陌生，難道我看到的問題和現象不是整體？但我的眼光確實就是如此啊！我開始思索「什麼是整體？」經過多次督導並參與團體動力工作坊，才明白治療師與案家互動的眼光要像照相機鏡頭般隨時調整焦距，觀看不同的視野。初學的治療師可以試著調整自己的位置：當你越接近案家深入探索，可能越容易看到問題和家人間的差異，這是微觀情境；當你拉開和案家的距離，就有機會看清楚家庭的互動、氣氛、結構、靈性，尤其家族治療需要擴展時間軸線去理解案家的家庭歷史、週期、社會脈絡等，這是巨觀情境。華人家庭講求關係和相互依存，所以巨觀情境對案家及個體的影響更是深遠。

從微觀和巨觀情境深入思索、體會，整體觀就出現了。在微觀情境和巨觀情境之間來回思索、感受和體會；面對所有情境都不排斥、不拒絕、不否認，能夠認真以對並試著了解，這股力量將轉化出很多可能性。吳老師常強調家族治療師要擴展自己的胸懷，與人連結，看到人性中正向的力量。家族治療師的心胸和眼光能幫助案家重新看待自己的家庭，轉化家庭系統。

治療師要隨相又離相。治療師與案主（案家）工作，要進入他們的內在去感受，也要客觀地觀察和思索，有意識地訓練專注力，隨時可以進出 IN 或 OUT 的狀態。隨相是對現象的 IN，進入現象去體會和感受；離相是 OUT，離開現象去觀察、後設思考。有經驗的助人者往往非常擅長隨相，然而離相才有機會看到整體，是學習家族治療需要下功夫之處。

萬物一體，生生滅滅。吳老師常分享萬物的存在是一體的，生命能量彼此影響，得意、失意、快樂、痛苦，所有起伏都是生生滅滅，循環不止；在循環中尋找平衡，然後又破壞平衡，需要再次調整。這樣的眼光也引領治療師不是為案主解決問題，而是陪伴他們重新尋找平衡。在此分享吳老師在《沙灘上的療癒者》書中的一段話：

我在游泳時，突然來個念頭：

「是我在游泳？還是海水把我扶起來？」

這個世界絕不是任何一個「我」可以完成任何工作，

沒有一件事的發生是全由自己做主的，

我存在於整體中。

五｜成為治療師的個人建構

你個人內在的男女關係圖像一直占據你的大腦，聽到對方講很美滿，於是你自己想像的很美滿就出來了，你就定下來了，這是大陷阱。——吳就君

前情提要

團督時，提案人學員 B 播放一段家庭會談錄影，參與者有丈夫、妻子和治療師，主要內容是妻子非常不滿先生外遇。提案人可以看出夫妻間的負向循環，但是妻子情緒高漲，諮商時經常拒絕提案人，提案人感到難以建立關係和介入。

學員 A：我想提問的是先生提到跟太太相處困難是從何時發生的？是被發現外遇之後，還是婚姻史裡一直有這個困難？

學員 B：太太說是這一年被發現外遇之後。

學員 C：先生覺得呢？

學員 B：以前太太都覺得順順的，即使這麼糟的狀況下，還是跟我說他們的婚姻是沒有問題的。

吳老師：我剛剛聽你說「我們之前是很美滿的」，這個話是誰講的？

學員 B：兩個人都有說。

吳老師：通常你們聽到人自己做一個結論，你一定要探索，要去問什麼叫做美滿，可以舉個例子，這個地方一定要具體化。

學員 B：我想一下，這個地方我好像沒有再去問。我只能夠說從其他資訊去推論太太講的是，太太以前會順著先生的需求。

吳老師：我很想跟大家分享，你要學習接到對方講的任何一句話，如果腦袋裡出現不了一個具體的圖像，這是很好的機會要去弄清楚。

學員 D：老師，妳的意思是我們盡量不要自己去補充或揣測，讓那一個影像形成？

學員 C：就是不要大腦自己補充。

吳老師：這是治療師的大陷阱。治療師為什麼要對自己做那麼多功課？例如我一直在為治療師做家庭溯源，因為治療師看著另一個人、聽著另一個人的時候，會喚起自己原來對男女關係的想像。你的父母關係怎麼樣？你看到的電影、小說又是如何？你自己內在對男女關係的圖像如何？你個人內在的男女關係圖像一直占據你的大腦，聽到對方講很美滿，於是你自己想像的很美滿就出來了，你就定下來了，這是大陷阱。

學員 D：身為治療師該如何避免這個陷阱？

吳老師：我們自己要清楚大腦和內心的東西，這些東西很重要，因為你有這些東西才會去衡量；當對方更具體講出來的時候，你才能夠歸納對方談的是什麼。意思是說：你個人內在生命故事、從小到大的社會觀、人性觀等等，隨時都成為你評估對方的基本參考架構。

學員 C：治療師要如何清楚自己的基本參考架構？

吳老師：**你自己這部分需要有很多自我了解和自我成長。督導的時候，我很希望你們在這個地方琢磨，這是你一輩子需要下功夫的地方。你跟人工作時，都是這個基本參考架構在影響。如果你有很多打結之處，沒有去整理，你去聽別人的東西，評估可能出現扭曲、想像或忽略。**

學員 D：當治療師一直去了解內在，讓內在成長，發展成為自己的內在參考架構，就可以對案主的談話產生基本參考架構嗎？

吳老師：**治療師能夠去檢索自我的感受從哪裡來，其實都是與自己接觸的功夫。治療師與自己接觸後，就能夠使內在的空間變得像很寬、很鬆、很大的房子，什麼人跟你一照會的時候，你的房子就可以映照出對方的東西。要如何培養內在很鬆、很寬、很大的部分，需要長期檢索自己的生命經驗和生命故事，有檢查、有尋求、有反省，需要對自己下很多功夫。長期和你自己的生命故事對談，也可以用宗教的用語「參」這個詞，參你的念頭、參你的省思啊，而且是長期的。**

學習軌跡

吳老師強調要了解、接觸案主，治療師需要有自己的個人建構，才能成為評估案主的基本參考。換句話說，治療師的個人建構是一面鏡子，映照出案主的狀態，而治療師的這面鏡子需要下功夫檢索。

家庭溯源幫助治療師檢索個人建構。從吳老師訓練家族治療師的課程安排，最主要的四個核心課程是家庭溯源、團體動力、與人接觸和種樹工作坊。家庭溯源探索過去的家庭經驗如何影響自己成為現在的樣子，包含成長歷程中與環境相互形塑的觀點、婚姻觀、兩性觀、價值觀、世界觀等，這些課題來來回回的了解、檢視、反思，會形成治療師的個人建構。當然，個人建構的檢索也可以藉由個別諮商、相關成長活動或生活中有意識的自我探索來進行。

吳老師認為個人建構包含「動態的價值觀」和「靜態的信仰建構」。「動態的價值觀」是指治療師的兩性觀、婚姻觀、價值觀、世界觀會隨著時間、情境、人的變遷而改變，價值觀有好壞之分，是二元對立的。與案家一起探究人間之苦，生命的能量常在二元對立的兩端凝結，受困於做對或做錯了而找不到出口。治療師面對這樣的困境時，需要再對個人建構中的「靜態的信仰建構」做功課，來建構更高層次的視野和胸懷。

早期聽到「信仰建構」這個名詞，直覺的反應是與

「信仰」有關，後來慢慢了解**「信仰建構」是指治療師與生命的對話**。經過十多年實務工作，從專業角度窺視生命的瓶頸，確實常出現以下的省思和困惑：

案主好苦。
怎麼有人這麼苦？
是否有輪迴？
人生不公平，那人要努力什麼？
真的要一直與案主談痛苦嗎？
案主的人生很苦，未來會好轉嗎？
我能夠為案主做些什麼？
我的生命能夠對別人的生命有何影響？
我想要與外界的關係如何？
我喜歡自己是什麼樣子？

當原有的價值觀或專業理論都無法幫助我回答上述問題，與案主工作時會出現「當機」、「不知道該如何走下去」的狀態，可以說我和案主的生命都卡住了，一直思考這是否意味著有更高層次的主題需要去探索。跟隨吳老師學習，她常談到這是身為一個人與天地、信仰的對話。吳老師始終強調訓練治療師不只是理論、技術的增進，最重要的是培養治療師的胸襟，不斷成長。她在《華無式家族治療：吳就君的治療心法和助人美學》書中提出下列問題，幫助治療師進行內在對話，形成自己的體會：

我是誰？

我是什麼？

為什麼我在這裡？

為什麼我活著？生命是什麼？

人是什麼？宇宙是什麼？有生命、無生命的存在是什麼？

既然都要死，都會空無所有，為什麼要努力？為什麼要受苦？

我之外是什麼？為什麼外在是這樣？

我和外在的關係是什麼？我可以掌握的是什麼？

我和人的關係是什麼？

什麼是真？

什麼樣的生活才是有意思的生活？

生命的意義在哪裡？誰來決定？

我可以選擇嗎？我怎麼選擇？我喜歡嗎？

信仰建構讓治療師對家庭的「苦」有了出口。這四年在吳老師帶領下，我對於過去與生命對話產生的諸多困惑有了進一步思索——有時候案主的苦是因為受限於當下的時空，而每個人的感受都是自由的，都有可以移動的機會。當治療師有了整體的視野，在微觀和巨觀之間來回思考，看見案主的努力和潛力，確實能喚起案主的生命力和內在資源。思及一個女孩疑似被母親同居人性侵的安置案例，很容易解讀為狠心的母親讓女兒墜入火坑，社政單位自然很不諒解那位母親，認為她嚴重不適任。然而，以系統和內在資源的觀點來認識這個家庭時，他們在設立界線方面確實需要更多協助，同時也發現家庭成員彼此相愛，齊心努力在社會底層生存。基於這樣的理解去思索整個家庭該何去何從，從接觸每個家庭成員開始，了解並欣賞他們對彼此的愛與感受，幫助他們看見自己的內在資源，互相對話，冒險發展出不同的觀點，慢慢地這個家庭能夠往更安全、更多交流的方向走。如果治療師沒有信仰建構的基礎，一定無法在多數人認為的「惡意傷害與被傷害的故事」框架下，還能穩穩地發展出屬於這個家庭的美好故事。

華無式的美，是重視治療師發展個人建構。當治療師發展出自己的個人建構，可以據此理解案主的內在參考架構，會仔細具體地詢問案主，例如在上述案例對話中，案主表示自己婚姻很美滿，治療師可以問：「所謂婚姻美滿是指什麼？」尤其治療室裡有兩位以上關係人的時候，可以促進雙方了解彼此的內在參考架構。治療師也可以運用自己的個人建構，歸納案主提供的資訊，進而形成評估的基本架構。初學者與案家工作時，可以自問：「我該問什麼？什麼是應該深入的相關提問？這些提問可以滿足我對家庭的立體想像嗎？如果不能，我還想問什麼問題？」發展治療師的個人建構是華無式的精神，也是跟隨吳老師學習最美之處，「專業的我」和「個人的我」相互交織，能夠進行實務工作又能自我成長，是很有能量的循環。

Chapter 2

與人接觸

陳孟芳、黃玫穎

一｜與你相會

華無式家族治療是以人為本的治療取向，著重人與人之間的接觸是關係的起點。讓我們先細細品味維琴尼亞．薩提爾這首小詩〈我的目標〉：

我想要愛你，而不抓住你
感激你，而不評斷；參與你，而不侵犯
邀請你，而不要求；離開你，而不歉疚
批評你，而不責備；
並且，幫助你，而不是侮辱。
如果我也能從你那邊得到相同的
那麼，我們就會真誠地相會
而且，豐潤了我們彼此。
——維琴尼亞．薩提爾，《與人接觸》，吳就君譯

薩提爾以這首詩帶領我們看見「與人接觸」的經驗與氛圍：在實務工作中，要能夠貼近案主，又能保有治療師的眼光。有經驗的治療師可能都走過這段歷程，從一開始感受到案主的痛苦，但掌握不到治療師的眼光，或是相反的情況——有治療師的角度，卻無法與案主同步，需要經過相當的歷練才能區辨出其中差異，達到貼近案主，又能保有治療師眼光的狀態。

如何達到這種狀態？要從哪裡開始學習？華無式家族

治療強調一切的基礎是治療師本身。以「長成一棵樹」的意象來說，治療師的養成最重要的是種子，也就是治療師本身如何成長、與環境接觸並發展自己，然後以自身為參照點，與來談者接觸，同時保有自己的眼光。治療師自我訓練的軌跡與促進案主（案家）成長的過程相互牽引，在華無式治療取向治療師養成的過程中，離不開培育「與人接觸」這顆種子的歷程，「成為一個人」（becoming a person）與「成為一個治療師」（becoming a therapist）相輔相成，交疊在一起。

有人說，我們每天都會接觸許多人，「與人接觸」是很簡單的歷程。如果你給自己三分鐘，靜下來感受一下，不需要向誰說明，只需面對你自己：

與人接觸時，你經常出現什麼感受？
面對這樣的感受，你都如何反應？
你覺得面對情緒有什麼困難？會憂慮什麼？想逃避什麼？
是他人的質疑、挑戰、輕視、評價、親近、疏離、抗拒、憤怒，還是悲傷？

這些感受和反應就是「與人接觸」的品質。若助人者經常浮現這些感受或反應，表示需要在「與人接觸」這方面多下功夫。如何真正接觸到人，從害怕到願意貼近這些感受，貼近卻不受打擊，還可以繼續與人溝通，讓阻礙變得鮮明，往暢通的方向前進，是助人工作很重要的一環。

至於要如何做到？老實說，真的很難具體描述。吳老師在討論歷程以理解的語氣對我們說：「那就承認吧！」簡單一句話就卸下我們心中的焦慮，回到自己的本心。在此並非宣揚某種定律或規則，只是想與同行的人分享一些學習軌跡，此時此刻的呈現就是最寶貴的歷程。

當讀者翻閱本章，應該不只期待看到治療關係常提及的真誠、溫暖、無條件的接納，我們認為「與人接觸」還有更多重要的元素，因此先定義華無式家族治療的特色，做為與讀者凝聚共識的基礎，再細細品味「與人接觸」的歷程。

跟吳老師學習的歷程中，發現華無式治療取向很關注案主（人）、治療師（我）與治療情境（脈絡），這三個部分是不斷平衡的動態歷程，也是學習「與人接觸」的重要概念。

最大的體會是，回到人性的角度，感受到每個人都有良善和慾念的一面。以這樣的眼光接觸案主，當他們感覺受到尊重，比較容易接受建議，一種共伴的關係在彼此之間傳遞，才能逐漸展開合作關係，也願意為彼此冒險。

我們在以下章節藉由團督歷程呈現經驗學習的浸泡與探索，與讀者分享對於「人、我、情境」、「接觸自己」、「接觸他人」、「此時此刻的接觸」和「人性的接觸」的體會。

二｜人、我、情境

用一般人來設想一般的情境，用人性化的眼光接觸家庭，用你自己生命的存在來認識人是什麼，這樣就好了。——吳就君

前情提要

提案人學員 A 評估案主的行為可能與家庭動力有關。播放會談錄影片段，案父面對國中兒子（案主）的抱怨，還為此小心翼翼地道歉。吳老師針對父母與案主三人的互動提出討論，結束後和學員們確認當天的學習狀況。

吳老師：大家今天的學習怎麼樣？覺得需要加強些什麼？覺得自己的學習是有意義的嗎？

學員 A：剛剛老師在講父親的反應應該是什麼樣子的時候，雖然我知道爸爸這個反應好像不是一般的反應，但我也不知道什麼叫做爸爸一般的反應？

吳老師：什麼叫做一般的反應？

學員 A：就是說，一般父母適合的反應應該是什麼，才比較在父親的位置。

吳老師：這個問題我好像有不同的問法，比較貼近我們剛剛討論的脈絡。我現在變成你，好嗎？我比較不知道這個叫做一般的反應，那什麼叫做不是一般

的反應，我分辨不出來，這樣講可以嗎？

學員A：對，我覺得爸爸有點太小心翼翼，好像不是在爸爸的位置。可是爸爸應該是什麼位置、什麼角色，我才會覺得他的反應「對，那才是爸爸的反應！」我好像不清楚。

吳老師：說「對」的反應，不如說比較接近事實的看法，我們不要扭曲事實。所以，剛剛我們的討論裡，我是說爸爸的狀態是一般父母都可能這樣吧！那引起了你發問：「我也不知道什麼叫做爸爸一般的反應？」我只能講這個案主，不能夠太普遍化。我從你的資訊一開始怎麼來，例如家庭背景怎麼樣，這些訊息都進來之後，我就設想這個爸爸、媽媽因為小孩發生了一些事情，父、母、兒子三個人是一個家，然後我是個外人；雖然我跟他們一起工作很多次，我還是要記住這個事實。那麼現在兒子對爸爸面質了，是不是？我這個外人坐在這裡，父親就吞吞吐吐、小心翼翼地也講了一些，承認自己情緒、脾氣不太好，好像蠻尊重孩子。像這樣言語出來的時候，我馬上感覺到爸爸在我這個外人面前要顯現「我是一個好父親，我沒有什麼不好」。所有人見到老師或治療師，都很想表現出「我沒有做錯，我做得很好」，一般人的反應都是這樣。在會議上，所有父母都很不安，很不安你來陪伴他，很不安你看不起他，很怕你發現他做錯了。所有父母都有這些，這些都是一般的東西，（問學員 A）你有沒有這樣的東西？

學員 A：有。

吳老師：那就好，你就用這樣的東西。每個情境都有某一個東西，用一般人來設想一般的情境，用人性化的眼光接觸家庭。不要拿什麼書本來思考或想像，或是做為依據來判斷什麼是對的、什麼是錯的，都不要那些，用你自己生命的存在來認識人是什麼，這樣就好了。

學習軌跡

華無式家族治療「與人接觸」最大的特色就是考量人、我、情境，其中很重要的是加入了情境因素的考量。上述師生對話中，吳老師提醒治療師要將整個互動脈絡放入一般的情境來看。一般父親面對青春期兒子的指控，內在可能有哪些感受，治療師要放在心中自我探問：

這是他們一般的互動狀態嗎？或是僅出現在會談室？
為何父親要擺出這樣低的姿態？
父親的內在狀態如何？

吳老師這一連串問題引發我們思考：在一般情境中互

動，大多是什麼樣子？試著用自己的經驗感受去體會，處於母親、女兒、朋友、老師與學生各種角色關係中，當下會有哪些感受與狀態：

> 這樣的感受與狀態是自己獨有的？或是每個人都會有的？
> 如果是自己獨有的，那是怎麼一回事？
> 如果是每個人都有的，那麼又如何透過這份對人性的了解來理解案主的感受？

倘若對這三者有較深的體會，就比較能了解自己的狀態（我）、對方的狀況（你）及脈絡情境的影響。筆者（孟芳）想起剛擔任督導時，與受督者討論後提出建議，每次都演變成兩人說話帶有情緒，對方總是滔滔不絕地解釋自己的想法，我則不斷說明補充。當時感覺到受督者與我之間的情緒張力，於是快速地以圖 2 檢視一下「我」的狀態：

> 剛剛表達的是一般性的反應？還是特殊反應？
> 假如自己的狀態是特殊反應，原因為何？
> 例如：覺得被評價、擔心自己無法勝任督導的角色

靜下心來檢視「我」的內在狀態，發現每當受督者聽了我的建議或提問就搬出過去的工作經驗加以解釋，我的

圖2 與人接觸三面向

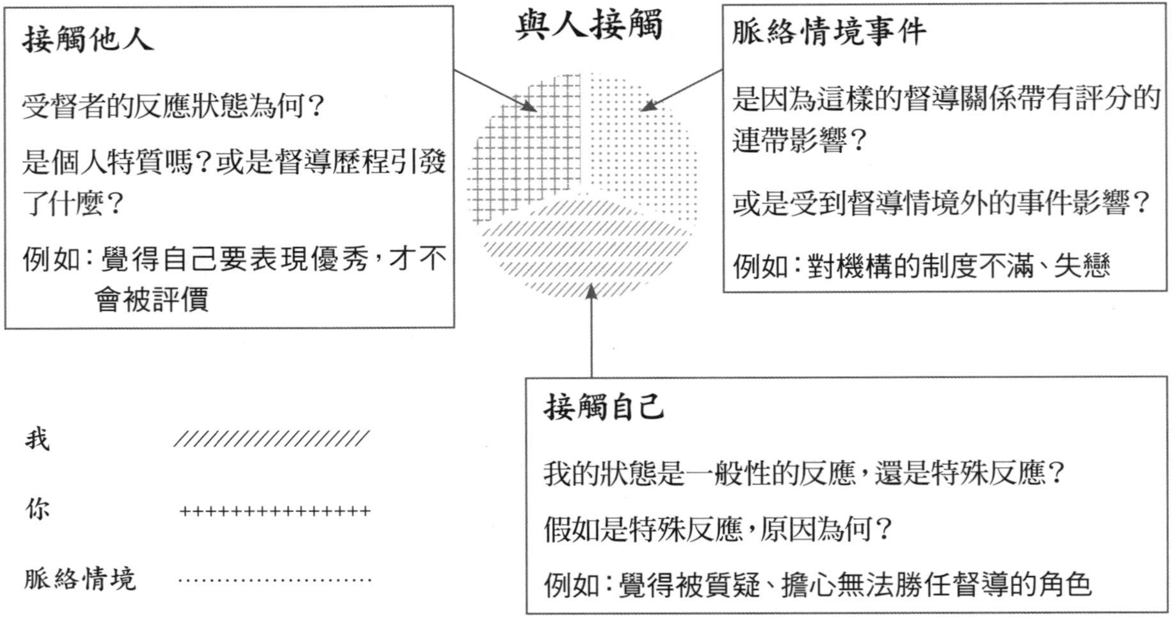

與人接觸

接觸他人

受督者的反應狀態為何？

是個人特質嗎？或是督導歷程引發了什麼？

例如：覺得自己要表現優秀，才不會被評價

脈絡情境事件

是因為這樣的督導關係帶有評分的連帶影響？

或是受到督導情境外的事件影響？

例如：對機構的制度不滿、失戀

接觸自己

我的狀態是一般性的反應，還是特殊反應？

假如是特殊反應，原因為何？

例如：覺得被質疑、擔心無法勝任督導的角色

我 ////////////////////

你 +++++++++++++++

脈絡情境 ……………………

內在有種受挫感，也覺得慌張、自我懷疑、想要逃開，進一步探詢原因，同時也尋求督導討論，原來自己的慌張是對方的反應引發了自我懷疑，擔心被評價、不被對方認同。為什麼會有這些反應呢？發現過往成長經驗讓我面對很有能力的人，會擔心對方看不起自己，因此當受督者的回應讓我覺得被威脅時，就會自動產生自我懷疑或想逃走的反應。我了解過往經驗不應套用在目前的關係中。想像一下，如果是不那麼具威脅感的人問我相同的問題，我會怎麼回應？我發現當我不再那麼焦慮或擔心，會先了解對方的需求為何？有了這層梳理，我慢慢地回到自己原有的位置。

受督者的反應狀態為何？
是個人特質嗎？或是督導歷程引發了什麼？
過往的受督經驗發生了什麼?
例如：擔心被評價、想呈現最好的一面

當我恢復一般性反應，能平靜地觀察受督者的反應，發現她持續處於防衛狀態，於是回應這樣的觀察：「我發現當妳認真問了一個問題，其實妳已經有答案了，妳希望在這裡獲得什麼？」聽我這麼一問，受督者的態度柔軟下來，悠悠談起之前的督導也問過類似的問題，當她面對可能被評價的情境就會先防衛，覺得只要呈現最好的一面，就能避免負面評價。有了這樣的澄清與討論，彼此的狀態逐漸恢復到一般性反應，進入督導的情境。

假如受督者的狀態能恢復到一般性反應，但是在某種狀態仍出現類似防衛的反應，再進一步考量情境因素：

是因為這樣的督導關係帶有評分的連帶影響？
或是受到督導情境外的事件影響？
例如：對機構的制度不滿、失戀

每當受督者與我又出現緊張的狀態，我們能很快辨識自己與彼此的內在狀態，立即處理雙方的關係，經過人、我、情境多次省思之後，逐漸自我分化，「個人的我」和「專業的我」之間長出界線，更能自由進出，依情境當下選擇最合適的行為。

運用人、我、情境三個要素逐步澄清，比較容易發現是哪些因素引起，是該接觸自己或了解對方的狀態，還是得從環境著手，筆者認為沒有一定的途徑，可以從任何一個方向開始。當然，這三者可能有部分重疊，找出當下影響最明顯的因素會很有幫助。

這種做法也適用於促進各種關係。請試想以下狀況，當案主告訴治療師：「我媽不了解我，她總是否定我的需求。我很想努力，但她總是說我做不到。」治療師感受到案主渴望被案母肯定，若加入情境因素，案主已經 45 歲且工作向來不穩定；或是他 15 歲，正在考慮升學方向，看待的眼光與角度自然有所差異。如果案主 15 歲，或許先考慮進行家長諮詢，協助家長了解孩子的需求。但是當案主 45 歲，會思考如何促進案主自己做決定、探詢是什麼卡住了案主？

倘若會談僅考量我—你（I-YOU）的接觸，而未考量情境和人性因素，容易陷入治療師與案主共融的狀態。治療師唯有接觸案主、體會案主的苦處，促使案主接觸自己、他人與環境，才能進入案主的現象場中，帶出其他角度與眼光，協助案主整合接觸自己、他人與環境，達到三者一致的狀態。

三｜接觸自己

做為一個治療師，能自我覺察最重要。當你覺察到自己的害怕，可以在這個地方做自我療癒，往內問自己：「究竟自己的害怕跟什麼有關？」有了這樣一段自我療癒的過程，之後面對衝突時，你會熟悉內在發生的歷程，學會安頓自己，然後還是能回到治療師的角色上。

——吳就君

前情提要

案家是一對夫妻，妻子對丈夫多次外遇有許多憤怒情緒，提案人學員 A 覺得難以接觸咄咄逼人的妻子。吳老師模擬角色扮演後，與學員 A 展開以下對話：

學員 A：我有兩個問題，就是我在過程中已經很害怕了，確實是我對先生做了改變的邀請，先生轉過來之後，我覺得相對起來先生比較可親近。第一個我想知道發生了什麼事，為什麼我比較敢親近先生？第二個問題是，在那個現場我可以如何調節自己的狀態？

吳老師：好，先靜下來回答自己，為什麼那個時候我開始覺得可以請先生進場？你問你自己。

學員 A：因為案主回應了我。

吳老師：你覺得是不是？

學員 A：是啊！好像他回應了我，我就更進一步能再多做些什麼，先生不會拒絕我。

吳老師：是啊！這就是我說的，**與人接觸的力量是最重要的一個力量。因為你這樣接觸他，他的反應使你感覺你有接觸到他。當你可以感覺到全人的感覺，我感覺到案主被我接觸，他有這個行動的時候，同樣的，他那個能量也給了我，我也接觸到我自己，於是我在這裡感覺到我們的氛圍**。這真實的經驗不是常有的。

學員 A：這在平常好像很自然而然，但是我覺得被綁架，因為我試著跟太太接觸，但是都會被太太一手揮開。我講話就越來越小心，可能我感覺到她在生氣，我試著同理她的生氣，她就說：「不是！我沒有，我不在乎。」然後我就想，要怎麼講才能夠連結她。我想我是害怕衝突的，所以團督一開始大家談到面對案家時的狀態，有些夥伴提到他們在案家狀態亂七八糟、一團混亂或是有很大情緒的時候並不會害怕，我非常驚訝，很想知道大家為什麼不會害怕？

吳老師：所以你有覺察到自己的害怕，能覺察到自己的害怕，這最重要。你可以在這個地方做自我療癒，往內問自己：「究竟自己的害怕跟什麼有關？」有了這樣一段自我療癒的過程，之後面對衝突時，你會熟悉內在發生的歷程，學會安頓自己，然後還是能回到治療師的角色上。你會有空間選擇做怎麼樣的回應，是朝著你的治療目標走的。

學習軌跡

治療師面對一個疑似出軌的丈夫，他可能帶著歉意、羞愧，渴望被治療師接納和理解，甚至幫忙救贖的心態，妻子內在則是強烈的憤怒與委屈感。對丈夫來說，治療師是渴望拉近的盟友，當治療師展現理解的態度，他很願意配合治療師，共同面對妻子。

但妻子的憤怒引起治療師個人對憤怒的恐懼，吳老師對治療師覺察到自己的害怕且願意承認表示肯定，認為是很重要的第一步。覺察之後，要療癒這樣的創傷經驗；創傷可能是與案主會談歷程中產生的，也可能來自過去的經驗，於當下被引發。

治療師要促進自己的覺察，在與人接觸時區分與理解人、我、情境三個面向是很好的途徑。以上述案例說明：

一個先生外遇的太太，她的感受如何？受傷又憤怒？

治療師看到太太的憤怒，試著回應太太：「妳覺得很生氣。」但遭太太否認：「不是！我沒有，我不在乎。」

當時，治療師的感受如何？無法持續接觸太太是因為過往的創傷，抑或當下被拒絕？

透過這些自我發問與釐清，可以拉開一個角度，知道需要克服或處理的是治療師本身的創傷，還是受到妻子狀態的影響，抑或是情境中有些因素強化了這些反應。這個方法能有效地協助治療師找到一些可能的線索或脈絡，而不會一再落入舊有的因應模式。

治療師需要先接觸自己，才可能重啟接觸。治療師要如何覺察自己的抗拒或阻礙？可以問自己幾個問題。面對咄咄逼人的太太時：

治療師的感受如何？如何因應？

哪些感受來自過去的經驗，哪些是現在情境所引發？若是後者，當下情境引發的害怕與過往經驗關聯較少，那麼治療師在害怕什麼？

害怕失控？

害怕衝突？

害怕身為治療師缺乏效能感？

對於被拒絕感到挫折？

無法理解為何被妻子拒絕，不知如何走下一步的慌亂？

治療師清楚區辨，就能產生符合目前情境的回應。

試著想像我（孟芳）是這位治療師，深呼吸一下，嘗試往內感受，發現自己討厭被期待扮演仲裁的角色。當如此被期待時，會想要跳離這個位置，但又無法與對方達成共識，因而顯得急躁，擋住了與對方的接觸，無法真實地看見並了解對方。至於何以那麼討厭當一個仲裁者？回顧自己的成長經驗，從小在父母之間就扮演仲裁的角色，無論是父母加諸或自己無意中接受的，都不是好差事。了解之後，告訴自己那是過往的經驗，已成為過去式，與現在的情境不同，我這個人也與以往的我不同了。放下吧！不必當仲裁者，這對夫妻也不需要，有了這番整理，感覺煩躁被梳理開了，回到治療者的位置，感受到此時此刻面對眼前喋喋不休、渴望關愛但憤怒咆哮的太太，自然想要多了解她內在的感受、需求，終於能夠開始接觸太太了。

記得一對夫妻來會談，太太非常生氣，每當我試著同理她，便引發她更大的憤怒。我覺得這樣下去不行，開始深呼吸，安頓一下自己想要仲裁的心情，突然發現其實我真的不了解太太的感受。我應該更明確地聽懂和了解她，而不是自以為聽懂。有了這份整理，我回應太太：「當妳氣憤地說了那麼多，妳最想表達的是什麼？」很神奇的是，太太的態度竟然軟化了，開始難過地掉淚並說：「我不知道，可能我要保護我的小孩……我想要他聽懂我的話。」當下知道我真正接觸到她了，原來咄咄逼人的背後有顆渴望和受傷的心。

這就是吳老師在《沙灘上的療癒者》提及「覺察自己的內在心理歷程」，讀者可以試著問自己下列問題：

我對自己的感覺怎麼樣？

我對你（指案主）的感覺和想法怎麼樣？

我覺得你怎麼看我？

這個想法對我的影響是什麼？

我覺得我們的關係怎麼樣？

運用吳老師「與人接觸」的途徑嘗試接觸案主，真的對推進諮商歷程產生明顯的效用，越來越清楚哪些能接觸到對方，對方也願意被接觸；哪些其實並沒有真的接觸到對方。**真正接觸到對方時，有些不敢說的話就變得敢說了，不敢做的實驗變得敢做了。無論鼓勵對方嘗試或挑戰對方的認知都變得很自然，案主也能接受而不覺突兀，彼此可以真誠地相信對方。**當你能夠感受到這個歷程，你與案主已經處於薩提爾〈我的目標〉小詩的狀態了。

治療師精進自己的中心點如同修行，每一段與案主的接觸都在檢視自己疏通的歷程；有些是原本具足的，有些是疏通過的，但永遠不知道是否還有從未探索過的領域。在不斷接案的歷程中，隨時可能開啟探索之旅，這是這份工作最耗心力也最迷人之處。

四｜接觸他人

如果治療師不敢跟父親接觸，父親要進入治療歷程是很難的。——吳就君

前情提要

提案人學員 A 提出一個家庭案例，62 歲的父親長年旅居海外，與兩位成年子女多有衝突。以下對話是團督學員看完錄影後，吳老師運用角色扮演重新接觸這對父子。

吳老師：不能說爸爸是壞人，爸爸有特殊情感，家暴是特殊情感交流的方式。那種關係是情感的互動，孩子們對他這樣，他忍受不了的時候就反咬一口。在這個情境，我常常發現治療師自己的緊張是自我防衛，那個案主也在自我防衛，所以我還是蠻期待這時候的突破，治療師可以多下功夫，了解自己這個緊張是怎麼一回事？是不是對上了年紀的異性有莫名的排斥或厭惡感？那是什麼？趁這個機會再深入了解自己在怕什麼，學習能夠把那個緊張一點一點地放下。

學員 A：老師，我想多了解一點妳講的，因為這個父親好像都不在治療情境中，要怎樣讓案主可以回到這個治療的時空？

吳老師：你觀察到父親在情境外，會有什麼假設呢？他是害怕的？他是緊張的？通常案主講一講就談到其他事情（離題），都是有它的特殊意義。這時候治療師怎麼樣幫他進來，也就是我說治療師與人接觸要用心的地方。如果治療師不敢跟父親接觸，父親要進入治療歷程是很難的。（看著學員A）你能不能接受他（指案主），這點很重要，讓你檢核你自己。當然，今天是角色扮演，我很快就接受他這個樣子，但真實情境中的那個男人，我是不是能夠那麼快接受他，對我自己也是個挑戰。

學員A：對於五十幾歲的男性，我可能還要下點功夫，我還不太懂他們。

吳老師：除了不懂之外，還有一點自我防衛吧！交給我的話，我也是有一點防衛（對學員A笑），因為我好像覺察到有威脅，我要保護自己啊！

學員A：（笑）我覺得自己一直跟五十歲以上的男性保持距離。

吳老師：這個部分也會是你的障礙。

學員A：這個部分越來越多，像是接夫妻、家庭中的爸爸，隨隨便便都五十歲以上。

吳老師：**如果你發現你真的有防衛，那就是放在你工作中要去思考的點。如果你沒辦法接觸案主的話，像那種自己有抗拒或害怕，大概在十次、二十次歷**

程中，他（案主）常常都是局外人。

學習軌跡

治療師要用心覺察是什麼阻礙了接觸。當治療師感受到與人接觸的那一刻，不會只有表象或語言，而是包含了對案主全部的感受。治療師的態度會顯現出來，理解狀態與區分情境相當重要。

在上述案例中，父親一直談過去的事情，無法處在當下；雖然試圖與孩子連結情感，當治療師想要促進兩人真實的互動，父親的狀態又會不斷跑回過去。我原本對父親經常跳離當下情境的現象有兩個假設：（1）父親是用他習慣的方式表露情感；（2）雖然想親近孩子，但父親的焦點放在自己身上。

吳老師點出，治療師似乎對案父有抗拒連接的防衛現象。一開始其實我（孟芳）沒有感受到治療師的防衛：在我眼中，治療師的肢體語言或話語都鼓勵案父對孩子表達情感。直到重複看了吳老師的示範說明，才發現自己一直把案父設定在父親的角色，從未想過他是一個五十幾歲的男性，也有其情感需求與渴望。當時我對這樣的發現相當震驚，有了重新看待這位父親的眼光。

經過這層梳理，原本只看見這個男人身上「爸爸」的角色，但是當眼光拉到整體，同時也看到他是一位中年男性和丈夫，案父「個人」的形象鮮明了起來，父子、夫妻的關係系統也清晰許多。釐清這些關係與影響，重新回來看這對父子，不禁好奇為何案父的情感一直聚焦在成年子女身上？他和妻子的關係如何？為何成年子女一直把自己綁在父母之間，而非向外發展新的關係？思考之後，這個家庭各系統間的狀態與牽引鮮明了許多，而不會受困於父子關係的循環中。

治療師除了不斷檢視自己，還需要加強系統的眼光，拉開距離才能看清關係的全貌。

曾經接過一對夫妻案例，先生酗酒二十幾年，每次喝酒沉默寡言的個性就變成大聲咆哮、想控制太太的狀態。過往雖有幾次酒後失控，因孩子在家，在不平衡的狀態下，也平衡了許多年。直到孩子們一一離家念書，這個平衡開始動搖，太太對先生喝酒有許多焦慮與抱怨，甚至考慮離婚。夫妻雙方都希望藉由諮商有所轉圜，然而諮商了幾個回合都在酒癮上打轉，始終找不到出路。面對一邊是酒精依賴二十多年的先生，另一邊是有創傷議題的太太，老實說，進入會談室前內心還是混亂的，決定要先安頓好自己。突然間，浮現了一個想法：**既然酒癮這個議題已經存在他們之間二十多年，何以現在會成為問題？**當下立刻詢問太太，她回答：「以前有小孩在，雖然他有酒癮，也就不去理會。現在孩子都離家讀書了，只剩下我跟他，當然會比較在意啊！不然要在意誰？所以每次看到他喝酒就討厭！」神奇的是，當太太這麼說，我還聽不太懂時，先生卻笑了：「所以是因為小孩都大了，沒人可以管，只好管我。好啦！我以後週一到週五都盡量少喝。」

當下的我非常震撼，原以為酒癮是主要議題，其實面對空巢期的夫妻才是主角。一旦以整體角度思考，眼光突然有了一個切換。以前做夫妻工作，很像同時為兩個人分別做個別諮商。每當吳老師說：「要有 IN 和 OUT 的眼光。」心裡的聲音都是：「學生就是做不到啊！」但是在那一瞬間竟然做到了。用個比喻，就像看「裸視 3D 圖」，過往無論怎麼看，看到眼睛都有血絲了，還是看不出所以然。累積幾次經驗後，真的就如吳老師所說：「感受到焦慮時，就讓深呼吸來安頓自己，然後再重新接觸看看。」當成功克服自己的限制，在那一瞬間突然拉出整體的眼光，當下覺得很震撼，也非常感動。

五｜此時此刻的接觸

接觸的當下是什麼？就是那個當下的我、你、情境都接觸到了，這時候不要說什麼，就去跟你的心接觸，然後你想說什麼就說什麼，沒有什麼對錯，就照你自然的做。——吳就君

前情提要

提案人學員 A 提出一對父子會談案例，兒子渴望被父親了解，但治療師發現很難促進父親對兒子表露更多情感。以下是吳老師透過角色扮演，進行模擬父子會談，引導雙方彼此接觸的練習片段。

（學員 B 扮演兒子，學員 C 扮演爸爸）

吳老師：好，我們平靜下來，（對爸爸）你把內心整理一下，你希望兒子改變，先整理好再向他說，我們聽一下，好嗎？

學員 C：好啊！

吳老師：（對兒子）好，你講給爸爸聽。

（對話省略）

吳老師：（對爸爸）你是說，他跟你講他的事情、他的感覺的時候，你聽不懂嗎？還是聽懂了？

學員 C：老師，什麼叫做聽懂了？

吳老師：你提出這個問題，正好是我們三個人可以一起努力的事情，就是你的兒子在講一些他自己的想法和感受給你聽，可是你怎麼了解他，讓他感覺到爸爸了解，這樣的東西在你們兩個人之間沒有發生。

學員 C：我有想要改善親子關係啊！但是他就說我不了解他。

吳老師：對。

學員 C：啊，要不然，老師，妳告訴我應該怎麼做，我就可以這麼做，然後我們關係就會改善。

吳老師：我不會教你怎麼做，但是我可以幫著你們兩個去練習。我們來練習一個東西，看看能不能更好一點。

學員 C：好。

吳老師：我們回去坐下來（邀請父子坐下）。你覺得舒服一點的話，我倒是希望你（指兒子）能夠靠近爸爸，讓手可以牽到手，在這樣的情況下來練習。怎麼樣講，讓爸爸能夠了解你（指兒子）；爸爸怎麼樣講，你也能夠了解他，這樣的東西，你們兩個人來練習看看。

學員 B：老師，手一定要牽嗎？

吳老師：試試看，手牽起來有一種很特殊的感覺，我不用先預告，只是告訴你有特殊的體驗，試試看。

學員 B：（對爸爸）你也可以移過來一點。

吳老師：感覺看看，眼睛相對看。兒子，你感覺什麼？

學員B：這樣蠻好的。

吳老師：告訴爸爸那個好的感覺，因為爸爸這方面比較陌生。

學員B：要講什麼，講就好了。

吳老師：（對爸爸）那你的想法呢？

學員C：他喜歡我這樣握著，我可以做得到。

吳老師：可是我想知道你的想法啊！

學員C：想法喔？我應該要說什麼，然後要做什麼？

吳老師：你的身體感覺到熱熱的還是冷冷的？

學員C：熱熱的還是冷冷的喔？好像跟平常一樣。

吳老師：心跳呢？

學員C：心跳？有稍微快一點，有點緊張。

吳老師：啊，腦袋呢？有壓力嗎？

學員C：腦袋喔？我也不知道要說什麼。

吳老師：不要說什麼，就去跟你的腦袋接觸，然後你想說什麼就說什麼，沒有什麼對錯，就照你自然的做。腦袋覺得怎麼樣？像你看書時那樣的腦袋嗎？

學員C：想說要怎麼說會比較好。

吳老師：喔，你想要對兒子說一點話的感覺，是嗎？

學員C：嘿啊！

吳老師：（對兒子）兒子比較快可以感覺，可是爸爸比較不容易。你爸爸和你不一樣，你知道喔！你跟爸爸生活那麼久，你多麼希望能夠被爸爸了解，因為他的生長經驗、生長環境、成長的機會都跟你不一樣。請你想一想。

（對爸爸）那你也要知道，你給兒子很好的條件。你自己呢，有一點壓抑，有一點扭曲，這顆心有些地方枯萎了。一輩子當醫生的人聽我講這些話，你有感受嗎？

學員 C：像生物體被病毒侵入還是什麼的。

吳老師：你的生命早些年也許有一些創傷經驗，就像病毒一樣，把你的生命體有一些扭曲、有一些壓抑、有一些枯萎。但是，你是很熱情的一個人，我從幾次接觸都有這種感覺。我是要你們先有一點點經驗到兩個人了解彼此，真的感覺被了解要有很多條件的配合，我們可以慢慢來學這個部分。他（指兒子）講什麼，你（指爸爸）要怎麼講，讓兒子感覺被了解，最好你們兩個人一起學，好嗎？下次還要繼續這個東西喔！

（父子臉上出現笑容）

吳老師：咦，現在你們兩個人都笑起來了，解放了的感覺，是嗎？可見會緊張耶！人與人真正接近的時候是會緊張的。

學員 C：不習慣。

吳老師：不習慣，對，但是可以做嗎？

學員 C：告訴我怎麼做，我就會去練習。

吳老師：究竟是古早時代的人，什麼都要老師講了，你才要做，其實你心裡另外一半是有很想反抗老師的心理；一方面講：「老師，妳說什麼我都聽妳的。」同時真想把老師推倒。（笑）人都是這樣的耶！下次兩個人一起練習，我們今天就到這裡結束。

學習軌跡

你會從哪裡開始接觸人、接觸家庭？你會運用自己的哪些工具與人連結？薩提爾在《薩提爾的家族治療模式》主張人的自我環包含八種內在資源，包含生理、理性、情緒、感官、互動、營養、情境與靈性。當治療師對自己的感官知覺有一定的接觸，就能感受到案主當下的狀態，進而引導案主接觸與滋養這些內在要素的狀態，激發潛能，觸動轉化。

上述案例中的父親很關愛孩子，孩子則渴望更親近父親。吳老師鼓勵父親表達內在感受，發現他不習慣感受自己，也不習慣說出來，於是以問句引導父親：「**你的身體感覺到熱熱的還是冷冷的？**」、「**心跳呢？**」幫助父親從關注外在轉為注意內在。理性的父親逐漸感受到自己的心跳，覺得心跳比較快，也感覺到與孩子面對面時的緊張。就在這個瞬間，父親與自己接觸了，也讓孩子看見、聽到父親的感覺，知道父親是有困難做到，而非不願意去做。孩子的態度比較可能和緩下來，願意等待父親練習並接受他的限制。

案父過往的成長背景及家庭脈絡都是很重要的評估資訊，但更重要的是在會談現場對此時此刻的覺察、接觸與促發改變。我們發現人與人相處，尤其是最親近的人，大部分都在「事情」上接觸，而非在「此時此刻」接觸。例如一個孩子跟媽媽說考試考不好，媽媽的思緒跑到了未來：「考不好，以後怎麼辦？」或是跑到了過去：「你就是不好好準備才考不好！」很少停留在此時此刻的感受：「我怎麼了？」、「你怎麼了？」也就更難說出此時此刻的自己和對方連結、接觸的語言：「孩子告訴我他考不好，他想跟我說什麼？」上述案例中，若父親可以接納自己的感覺，無論是緊張、焦慮或生氣，就比較能允許自己停留在感覺裡，並且讓孩子知道，促進彼此更多的了解。或許父親可以讓孩子知道他內心的擔憂，詢問孩子的想法：「我很擔心你大學無法畢業會阻礙未來的生活，想知道你現在的困難或想法，或許是我太焦慮了。」父親先了解孩子延畢的原因、對未來有何想法，而非不斷叨唸或勸孩子朝自己希望的方向走，就能接觸到孩子。

參與吳老師教導的「與人接觸」課程，其中有一個令我（孟芳）膽怯的體驗活動：兩個人對看 10 分鐘，不能說話。除了不習慣，面對時可能浮現許多想法，又擔心對方會如何看待自己，一來一往之間，眼神交會時覺得尷尬，迴避時又擔心對方的感受，不知如何是好。就像案例中的父子都渴望親近對方，同時也有擔憂、生氣等感受。

為了避免衝突，只好迴避接觸。我這才體悟到，真正接觸到彼此需要很多勇氣與信任，否則可能會停滯不前，維持表面的和平，卻把關係推得更遠。若治療師本身沒有這樣的經驗，很難理解案主的困難，需要鍛練接觸自己的敏感度，才能協助案主接觸自己。

六｜人性的接觸

人有強的一面，也有弱的一面，男男女女都一樣。這個東西放在心上對我有什麼作用呢？我越來越有人味了。在任何情境、場合都一樣，我跟你都一樣，這種感覺會越來越在你心中存在、流動。——吳就君

前情提要

此次團督前，學員們進行「人文氣象報告」（註 1）的暖身活動。團督討論時，提案人學員 A 詢問如何面對衝突？吳老師將這個問題拋回給每個學員，以下是學員 B 與吳老師的對話摘要。

學員 B：剛才在暖身活動的覺察中，我一開始形容那個畫面是覺得自己很安穩，後來提到我很忙碌，現在回想起來就看到我的矛盾，可能有一段話我還沒有講完——當我發現並承認這個矛盾的存在，就感覺到我說的穩定是假裝的。

吳老師：對！我想講的是這句話。你能夠接觸你自己就是那個假裝的部分。

註 1：「人文氣象報告」訓練治療師表達自己與此時此刻的內、外在感受，是華無式家族治療訓練很重要的部分。

學員 B：我如果可以安穩，就不需要又很忙碌，我剛剛只分享到那個矛盾。我回到我的工作，可能社工的經驗看到太多吵架和跟別人吵架，所以我必須感覺好像很穩定。

吳老師：所以，我想講的一件事情是，任何一個人包括我在內，都要時常承認每個人都有弱的時候和強的時候。我今天在你們面前講的時候是我強的時候，我也有我弱的時候。現在你在這個地方接觸到你自己是弱的時候，我相信你也有強的時候。人有強的一面，也有弱的一面，男男女女都一樣。這個東西放在心上對我有什麼作用呢？我越來越有人味了。在任何情境、場合都一樣，我跟你都一樣，這種感覺會越來越在你心中存在、流動。

學習軌跡

自我覺察的功夫俯拾即是。上述對話中，學員 B 分享面對衝突一開始感受到安穩，之後卻覺得自己很忙碌，試著了解其中的矛盾，才看見力求安穩的內在狀態，接觸到真實的自己。這種「真實的接觸」是經驗取向治療師接觸自己很重要的一步：打開感官，注意每個細微變化，感受到不一致的訊息，試著去探究、了解不一致背後真實的狀態。真實接觸自己的經驗，讓人有能力超越表象，真正接觸到別人。

一對夫妻接受諮商，妻子每次提及先生嫖妓便憤怒不已，無論治療師如何同理回應，依然大聲咆哮。當治療師能夠安撫自己的不安，嘗試感受妻子的狀態，看到她的內在好似一隻被射傷的獅子，正張牙舞爪地對著治療師嘶吼，不肯承認自己其實痛苦萬分。治療師理解，要妻子坦承受丈夫影響會引發她強烈的不安，需要耐心地慢慢接觸，若治療師感到害怕或被推開而想抵制，就無法真實地靠近對方。

以整體觀來看，任何性格都有優勢的一面，也要付出某些代價；有弱勢的一面，卻一定有占優勢的時候。像是柔弱的女生惹人憐愛，也有其堅毅的一面；強悍的女生很有主見和想法，但也有脆弱無助的時刻。與人接觸要有整體觀，能體悟並接納人性。

每個表象後面都有更真實的人性狀態。我們發現，咄咄逼人的案主經常中斷諮商。治療師面對他們大聲咆哮或盛氣凌人的反應，要先穩住自己並思考：「當事人告訴我這些，到底想要表達什麼？」、「如果我不清楚，何不直接詢問他？」、「詢問他只是真誠地想要懂他，即使我不了解當事人現在的狀態，並不代表我不專業，畢竟心理諮商不是算命」、「當事人的需求是什麼？」、「為何要用這種方式表達需求？」當治療師不被當事人的表現震懾，願意進一步深入了解，這種態度有助於建立連結的管道。

從事助人工作以來，許多時候不免感到困頓，尤其卡住的時候會有一山還有一山高的感覺。這幾年依循華無式取向建構助人概念，越來越能夠自體成長、了解自己並有意識地挑戰自己；接觸他人之外，更能擴大對情境、人性和生命的理解，從過去習慣依循他人標準或做法，轉而能相信自己的經驗與感受，逐漸長出自己助人獨特的樣子。華無式家族治療提供助人者自我練功的方法與原則，期待每位助人者都能長成造福他人的大樹。

Chapter 3

一致性

李雪禎

一｜起手式——關於「一致性」

「一致性」是談溝通姿態時會提起的概念，說的是人際溝通時，心裡想的和嘴裡說的相符的程度。華無式家族治療將此概念運用在治療師的內在修為與哲學思維，談的是治療師如何透過「一致性」的表達展現治療效能。

本章從五個面向探討治療師的「一致性」，期盼讀者隨著我的學習軌跡，反芻個人生命經驗與工作歷練，整理自己的人性觀與哲學觀，進而覺察這些內涵如何影響會談互動及介入處遇，重新思索並淬鍊自己，朝充滿人味的專業家族治療師之路邁進。

二｜一致性的開端是與自己接觸

一致性的開端是與自己接觸，是自我修練的第一堂課。——吳就君

前情提要

提案人學員 A 提出夫妻諮商面臨的困境：這對夫妻兩、三個月大吵一次，妻子選擇離家，丈夫很挫折，希望妻子留下來好好溝通衝突點。夫妻都願意排開工作來會談，然而每當治療師詢問想談什麼主題，他們都說沒有特別要談的，由治療師決定即可。治療師想了解夫妻的內在動力，以及如何在會談中運用。

吳老師：你對於他們來了卻說不知道要談什麼，解讀這個狀況後，你的假設是什麼？

學員 A：我對太太的解讀是「她是想說的，但有點迴避衝突，所以不想提」；先生的狀態是「我不是問題，問題在對方身上，所以我沒有什麼好提的」。

吳老師：你有這樣的假設評估，是怎麼運用在實際會談中？

學員 A：我沒有運用ㄟ……

吳老師：我們對於治療過程感覺有困難的地方，要主動產生假設和評估。不主動做假設評估，當然就不會

運用它做為治療介入的根據。我要逐一詢問大家：你遇到困境的時候，會不會做假設評估？

學員B：我會形成評估、解釋，但是受阻的時候很快懷疑自己，然後就停下來，想要求助。我不知道我的求助是想要什麼或逃避什麼，我想解決，但又覺得勇氣不足，希望有人可以支持我或協助我。

吳老師：妳周圍的環境有這樣的人嗎？

學員B：我覺得有人可以給我情緒上的支持，但是缺少陪我走評估架構或引領我思考的人。

吳老師：所以有一點空等了？

學員B：嗯。

吳老師：那麼對於我們討論到這裡，妳看到自己有假設，但是運用時產生困難或挫折的狀況，有什麼新的因應方式？

學員B：我覺得當自己有情緒的時候，需要問自己那個當下的我在恐懼什麼？就是要一直搞清楚擋住我的是什麼，若要等別人幫我澄清，會蠻消耗自己的時間。

吳老師：我聽到妳已經有了因應方法，鼓勵妳**經常跟自己接觸，不斷尋找自己的答案，問自己若可以避免這樣的挫敗感、再來一次的話，我會怎麼做？如果我對案主有個假設評估，那麼下一次諮商，有什麼方式可以測試我的假設，這就是主動走出自己的成長歷程。**

學員 B：老師，我覺得走這個過程像背了千斤重的東西，心情很沉重，要一直去看那些想逃避的事情很痛苦，好像在泥水中行走的感覺，也難怪我很希望別人能拉著我走，但搞不好自己走會走得比較輕巧、比較快。我想知道這樣的經驗是正常的嗎？就是會這麼痛苦嗎？

吳老師：（面向在座學員）你們有跟她一樣嗎？有這麼痛苦嗎？

學員 C：有，一樣很痛苦。

吳老師：其他人呢？還有沒有人要加入這個自我探索的話題？

學員 D：是在找自己的過程嗎？

學員 B：對，就是為什麼我是這樣的我？為什麼我遇到這樣的事情就這麼害怕？為什麼我在這個情境中，我的專業思維出來的這麼少？然後我發生了什麼事情？我痛苦的地方是，在不斷找自己的過程中，同時又要符應外在環境對我專業工作的要求，因為外在環境不會等你解決困頓後再要求你的專業表現。

吳老師：現在她講的這個情境，假如是你們的話，你們會痛苦嗎？

學員 E：沉重的感覺比較多，學員 B 講的那個歷程，我前幾年也在走，一開始看見自己很像石頭，但我跟學員 B 比較大的差異是，我可以抓到別人的感覺，可是抓不到自己的感覺，那是一種很無力的狀態。此外，我也遇到幾個狀態是：我常常不知道該如何做評估，當出現了困難，讓我覺得卡卡、困住、抗拒的時候，比較容易焦慮。

吳老師：這段話是精采的寓意，與人接觸時，一定要跟自己接觸的經驗談。還有，進入一致性的開端是與自己接觸，是自我修練的第一堂課。

學習軌跡

吳老師和學員 B 的對話，使我想起一位自我傷害的少女個案。由於涉及孩子的生命安全，我主動聯絡家長，在學校見到孩子口中屢屢引發她情緒失控的母親。案母擔任學校主管，親職會談過程中，先是輕忽地回應我對案主的評估，再以指導下屬的口吻不斷質疑我的介入及處遇，最後還鐵口直斷，告訴我問題應該出在學校任課老師身上，希望我能轉達任課老師，如何勝任教職才不會成為不適任教師。面對我探問親子衝突事件與孩子情緒起伏狀況，案母則以粉飾太平的方式淡淡帶過。礙於對方的家長身分，我不敢直言不諱地面質，只能按捺住沮喪情緒，在咄咄逼人的氛圍中草草結束親職會談。之後，對於主動聯繫案母心生抗拒，接到她來電也容易焦慮緊張，生怕又要下什麼指導棋，處遇重點回歸到與案主的諮商會談。我發現，當孩子提及與高度權威、掌控的母親互動的時候會產生受脅迫與無能感，自己竟然也進入相同的情緒共振狀態，覺得挫敗又無能為力。有了這樣的發現，我開始思考自己是怎麼了？為何對案母有這些情緒？這跟過去哪些生活經驗有關？我的內在狀態又如何影響與案主的互動和諮商成效？

我認為，吳老師所說的「一致性」是以真實接觸內在各種喜怒哀樂、憂慮、恐懼的感受為起點，透過自我對話不斷向內探問各種問題（包含感受、想法、自我評價、慣性反應），碰觸深層的渴望與需求，思考並統整後再次問自己：

我怎麼會這麼渴望或在乎這個？
這份渴望或在乎來自何處？
跟我哪些成長經驗有關？
我是怎麼從生活經驗裡汲取教訓的？
我怎麼詮釋這些經驗與感受？
我從這些體會到什麼？

這些自我探問猶如剝洋蔥般進入深層的自我，一層層剝開後，洋蔥的肌理與屬性清晰可見，合起來後仍是一顆完整的洋蔥，但清楚明瞭每片洋蔥的來龍去脈，「內在」宛若經歷了「看山不是山，看水不是水」的衝擊與質疑，卻仍能回到「看山就是山，看水就是水」的涵容心境。

吳老師在「與人接觸工作坊」談到，「與自己接觸」是指對自己、他人及脈絡情境（包含期待、目標）的接

圖3 追求「一致性」境界的基本功

（吳就君老師「與人接觸工作坊」，2018）

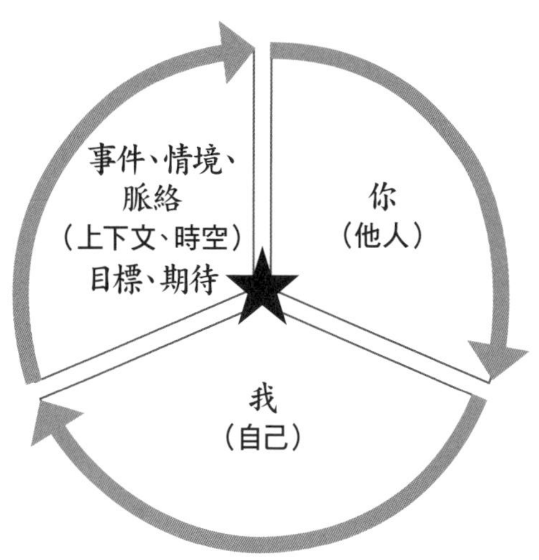

觸，這三方面的專注力訓練能精進自我中心點，開發自我潛能，是提升治療師「一致性」境界的基本功（見圖3）。

在實際操作上，要怎麼練習呢？舉個例子，吳老師曾邀請工作坊學員兩人一組，進行「眼對眼、不說話」活動，彼此專心注視 10 分鐘，用心體驗內在的情緒。結束後，學員 A 分享覺得害怕，學員 B 則感覺很平靜。若我是學員 A，就要好好問自己：「學員 B 在演練過程中並沒有對我說什麼或做什麼，害怕的情緒顯然和當下互動無關，這個情緒是從哪裡來的？和情境有何關聯？與過去哪些事件有關？我從那些事件經驗到什麼？」這就是練習與自己接觸的方法。對我而言，日常生活與實務工作中充滿各種可運用的觸媒，經常檢視人際互動泛起的情緒漣漪，細細反芻過程中的感受、想法、期待與渴望，不矯飾且願意承認自己的感受，然後問自己：

有沒有想要嘗試調整或改變哪些慣性的反應？
想看見怎樣的自己？
調整後，會更喜歡自己嗎？

換句話說，練習「一致性」得先面對內在各種細微的變化，能敏銳覺知且不閃躲地面對、接納熟悉或不熟悉的感受。「面對、接納」這四個字說來簡單，實際執行起來卻阻礙重重，除了要有勇氣直視迴避或抗拒已久的課題，同時又能理解背後的脈絡，回到人性的觀點，去掉評價，深吸一口氣後告訴自己：「這就是我啊！」

當治療師從人性角度理解與接納自己，接觸案家時，縱使其行徑再怎麼令人匪夷所思，一定能給出最貼近他們內在感受的回應。

三｜情緒坦誠與一致性

一個人在情緒上坦誠，就等於擁有一顆和別人接觸的心，我把這種情緒上的坦誠稱為一致性。——維琴尼亞．薩提爾，《與人接觸》

前情提要

提案人學員 A 說明一對父子陷入溝通僵局，雙方都期待對方了解自己，但父親較難表達個人感受，容易岔題，兒子覺得自己的需求未獲回應。督導過程由學員進行角色扮演，吳老師示範如何與父子互動，協助父親回應兒子的感受，之後所有學員一起分享及討論。

學員 A：其實這個差異是來自接觸的不容易，也很難接觸。坦白說，根本沒在接觸。

吳老師：因為你怕他嗎？

學員 A：我覺得案父在五十歲以上的男性中，不是屬於令人討厭的類型，但我對五十歲以上的男性大多是保持距離的。

吳老師：自己給自己訂的規則？

學員 A：嗯。

學員 B：不知道大家是否也會對男性個案有特殊感受？我在機構中，跟夥伴帶小團體時，尤其是跟性別相關的議題，的確有夥伴比較不能接納男性個案。

學員 A：我說的保持距離是針對五十歲以上的男性喔！像你（學員 B 是男性）我就可以接觸，但是我真的無法接觸五十歲以上的男性個案。

吳老師：要不要每個人說明一下自己的禁忌在哪裡。

學員 B：我還沒有接觸過比我爸更困難的男性個案，倒不覺得自己有這樣的困擾。可是我學習家族治療半年後，有一個感受是可能治療現場以女性諮商師居多，所以男性不來，或許不是男性真的不想來，而是他來到這個以女性居多的場域，其實並沒有被接觸或接納。加上這些年紀的男性受傳統文化教導，可能對於碰觸自己的感受是陌生的，到了五、六十歲就比較不碰觸感受，所以我覺得五、六十歲以上男人的成長好像有一個基本的模子。

學員 C：老師在剛剛介入的過程中，使用的語言都是用「你不熟悉的」這種字句，我覺得對個案而言，老師在傳達「對於他沒有接觸感受這種經驗」的理解。

吳老師：對，我都是用這樣的語言，沒有價值判斷。剛剛你有沒有聽到，我對案父講的都是：「你不熟悉的」，所以你（學員 B）剛剛說的男性成長過程的特色，蠻希望我們治療師能用更開放的態度來看待他們的成長歷程。

學員 B：是有這樣的期待。

吳老師：我覺得是有需要，而我們女生也可以多澄清一下，究竟我們在怕什麼？這些澄清可以用來跨越自己內心的障礙。提案人要不要說說看，從剛剛的示範中，你看到我的示範與你接案之間的差異嗎？

學員 A：我覺得最大的差異是，即便我看到爸爸接觸感受是慢的，但是我根本不知道他到底有多慢，或是他需要多慢。剛剛老師示範時，我很感動的是，妳說：「孩子的話，你再講一遍。」我覺得需要讓爸爸再說一遍，他自然會產生一些體驗及感觸。

學員 D：我最感動的是，最後把它定調為這是個「差異」，是可以接受的現象，不是以問題化來看待一個家的生態。

吳老師：**面對家庭，一開頭就不是從問題去看，而是全貌的評估時，就不會說問題是什麼，也不會提誰才是錯誤的來源。**進行治療工作，需要界定問題是什麼、治療目標又是什麼以產生評估架構，而我在以這種觀點為基礎的狀況下談「問題是什麼」的時候，看到的就會是差異。差異是問題，可是這不是對錯的問題。

學員 E：老師，妳說的那個「問題」是指對於他們可以好好互動，把自己的需求表達出來或滿足對方需求的那份阻礙嗎？

吳老師：講阻礙，我又不能接受，而是人類的通性，不僅這個家庭，全世界各種紛爭及戰爭、川普和金正恩都是這樣，說穿了就是差異。從家庭來說，差異造成關係破裂與疏離，也讓同屋頂下生活的這群人無法滿足內在需求。我們很想相愛，可是沒辦法愛，都是因為對這種差異的堅持。**若把差異當成阻礙，要把它消除，你要跟我一樣才行，這就是痛苦的來源；而是你有你的，你們兩個不一樣，要學習怎樣互相了解。我要你們接受兩個人之間的差異。**

學員 F：所以，這是治療師內在的胸懷與價值觀？

吳老師：是的，都有關，所以根本是你怎麼看人的世界，人性觀是怎樣，你都要有個人的建構。

學員 A：老師，我現在知道要回去探索一下我對五十歲以上男性的看法，不管是不認識的或是我跟父親之間，我覺得今天的討論有碰到我生命的這個議題，我想要去了解它。

吳老師：這會讓你在治療上有很大的突破，**每每對自己的某些東西有所發現，然後下功夫，再把它鬆開的時候，會讓你在治療上有很大的突破。所以，在我的訓練中，對自己下功夫是很重要的主題。若不想對自己下功夫，就無法接近自己，這個部分不是很多人願意的，人性中很巨大及困難的部分**

是害怕與自己相遇，害怕看到自己真實的樣貌。

學員Ａ：我覺得碰不碰人有差，就好像我不想連接那個爸爸的時候，雖然我也對這個家庭有些看法，但這些看法就比較淺薄、不深刻了。

學習軌跡

這次督導讓我開始思考跟什麼樣的人互動會產生特殊的情緒？這些情緒讓我想到過往哪些事情？對我有何影響？

成長過程中，接受主流價值薰陶與教誨，和長輩相處總是心存敬畏、服從的態度，在信念形成行為、行為塑造性格的影響下，我發現面對年長同事比較不敢直言內心感受或想法，需要再三拿捏話術，甚至出現附和的討好行為，深怕「忤逆長輩」。再細究發現，背後的核心信念是「長者經驗較多，要虛心受教」，隱含著擔心自己經驗不足、所知有限、害怕被指責的焦慮感。帶著這樣的信念投入助人工作，年輕時會畏懼跟個案家長互動，尤其是年紀較長或以某種權威角色出現，會談過程常焦慮不安，容易過度同理對方，期待得到肯定。在這種互動品質下，很難真實接觸到對方，諮商過程常耗掉不少能量抑制內在的不舒服感，不容易建立信任的諮商關係。

從上述對話中，我發現家族治療所談的「一致性」是指治療師與案家能有真正的相遇，在不減損彼此自尊的安全感基礎下，坦誠接觸與表達。當治療師突破內在瓶頸，就像闖關遊戲順利過關，跳脫不自覺的原地打轉，擴大了眼界與視野，能接納自己的人性面，也能涵容案家的脆弱及掙扎，自然真實的接觸就發生了。

然而，人很容易忽略自己的感受，也甚少在這方面下功夫，要如何精進呢？我認為，接案過程激盪出的各種內在情緒最適合做為練功材料。為了推進治療歷程，治療師面對五花八門、成長背景和來談問題都不一樣的案主（案家），必須按捺住翻騰的情緒，見招拆招，箇中甘苦，如人飲水。會談結束後，可以從人、我、情境三個面向深入思索：

會談過程中，內在出現哪些情緒？

對這些情緒有什麼感覺？

這些情緒在當時的脈絡情境下是如何產生的？

當下是怎麼回應這些情緒的？

這些情緒如何影響自己和案家的互動？

我對案家的看法、評估為何？

我對案家的治療目標是什麼？

我要怎麼運用自己的感受，納入互動過程，朝當下情境的目標靠近？

藉由上述問題真實感受一下內在的情緒，深入探索並連結與過往經驗的關係，檢視自己慣性的回應方式與自動化反應，經過幾輪自我探問，對自己有哪些新的發現？看到這樣的自己，心情如何？覺得陌生嗎？可以接納這個陌生的自己嗎？從會談過程浮現或卡住的情緒，或許可以找到情緒底層堵塞之處。這種不斷與自我接觸、靠近的歷程，就是治療師在「一致性」的修練功夫。

治療師也是人，人際互動過程一定會激盪出個人的觀點與感受，引發過往懸而未決的焦慮、恐懼、緊張、害怕，可能箝制治療師的判斷，有意、無意地忽略或強調某個想法，間接或直接地影響治療互動與成效。治療師須敏察個人內在狀態，區辨人我差異，理解和接納案家的真實樣貌，這些都與「一致性」的修為密不可分，值得助人工作者投入心力，下足功夫，必能與案家展開真實的相遇。

四｜敢於冒險與一致性

要有一致性是相當冒險的事，什麼是冒險的事呢？就是你必須做一些你從來沒有做過的事，或用新的方法去做同一件事。——維琴尼亞．薩提爾，《與人接觸》

前情提要

延續第一章第二節的案例，團督學員分別扮演五位家庭成員（阿公、阿嬤、長孫阿元、次孫阿瑞及孫女小玉），吳老師示範如何進行家庭會談。會談過程中，阿元和小玉專注地滑手機，阿嬤向阿元解釋治療師詢問對阿公抽菸的看法。阿瑞表達了意見，治療師問阿元有何看法，阿元仍目不轉睛地盯著手機……

阿元：（滑手機，頭也不抬地回應阿嬤問話）要說什麼？

阿嬤：就是說，阿公抽菸，阿瑞說他有進步，我說雖然有進步，但是要注意一下風向，要不然菸味還是一樣吹進來。我說你們都覺得那個菸味不舒服啦！

吳老師：好，等一下，我有些話要加入。阿嬤，妳剛剛說話的時候，阿元一直在看他的手機，妳的心情、感覺是什麼？

阿嬤：沒有啦！就他們年輕人，大家都在看手機啦！

吳老師：那妳會不會覺得妳在講話，阿元他們都在玩手機，好像沒有在聽妳的話？

阿嬤：他有在聽，他其實有在聽。有時候你跟他講重要的事，他其實都有在聽，有在做啦！雖然他沒回你或幹嘛，但是他有在聽啦！

吳老師：（停頓一下）ㄟ，可是我是有一點建議啦！因為幾次會談的經驗下來，他們三個（阿公、阿嬤及阿瑞）剛剛在講話的時候，阿元和小玉在玩他們的手機，（面向阿元和小玉）但阿嬤說你們兩個有在聽啦！可是我想徵詢大家的意見，是不是我們在一起的時候，大家都把手機放在拿不到的地方，然後大家互相來聽，互相來講，我做這樣的建議，（面向阿公）阿公，你贊不贊成？

阿公：（台語）美賣啦！這樣做很好，可以、可以。

吳老師：（轉向阿嬤）那阿嬤妳贊成嗎？

阿嬤：我可以啊！（手指著孫子）老師說收起來啦！

吳老師：我一個一個徵求意見。（轉向阿元）阿元，你是長孫，你贊不贊成我這個建議？

（阿元點頭，把手機放到背後）

吳老師：（面帶笑容，身體稍微傾向阿元）謝謝！你悄悄地給我一個非口語的反應，我很感謝你表示贊成的意思。（面向小玉）那小玉呢？

（小玉默默地把手機放到椅子下）

吳老師：那妳是贊成這個建議囉？謝謝！我的意思就是，

讓我們一家人，眼睛都能碰到家裡的人，心也對著家裡的人，沒有別的了，所以才想建議說，我們試試看用這樣的方式。剛剛我們的話題是在講，阿公現在不會在家人面前抽菸，會到外面去抽，這件事情阿瑞很肯定，阿嬤也肯定，但是有一點點抱怨，那阿元你的看法呢？（停頓一下）等一下，我也要請小玉講喔！因為阿公有一件這麼重要的事情，我們一家人都可以說一些話，表示一點想法。

學習軌跡

我很訝異吳老師針對家人使用手機的行為做了停頓與介入！我想，家族治療師與全家人會談時內在的假設是：這家人來這裡是要談自己的想法，而且他們是有痛苦、不舒服、願意改變的。治療師會思考如何調整以減緩他們的痛苦。會談過程中，治療師和阿公說話時，孫子及孫女卻在滑手機，而阿嬤面對治療師的提問，採取代為發言、幫孫子緩頰的方式回應，顯見家庭的溝通並不暢通，家庭系統可能無意識地抗拒治療師。當吳老師覺察這個現象，立刻介入家庭的動力系統進行調整，讓停滯固著、缺乏效能的家庭互動產生治療性的反應。對我來說，這種挑戰家庭的做法真是既陌生又冒險啊！

調整家庭互動模式，意味著要讓成員有所改變，可以從自尊（self-esteem）、溝通（communication）、冒險（taking risks）及規則（rules）四個面向著手，這也是治療師邁向一致性的發展路徑（Virginia Satir，吳就君譯，1993）。

圖4 一致性（congruence）的發展途徑

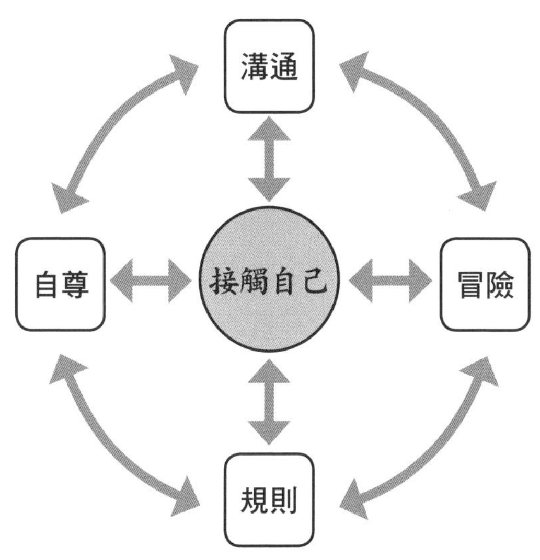

就如吳老師敢於挑戰家庭的互動模式，很多時候治療師發展自我的一致性是需要冒險的。若換成我遇到類似狀況，內心會隱隱覺得不妥，但通常採取的做法是按捺住不舒服感，繼續跟案家對話。其實這種反應是不一致的，因為不知如何面對內在的焦慮，就讓自己神經放大條地視若無睹，然後告訴自己案家很難改變，安於現狀地繼續談下去。從接觸人、我、脈絡情境（精進自我中心點）的向度來看，治療師忽略了「他人」及「脈絡情境」的資訊，完全陷入「自我」的情緒狀態，無法真實接觸到案家，遑論治療效能。

吳老師在會談示範碰觸了內在真實的感受，決定讓案家的溝通表達更言行一致，於是冒險探問他們對行為的感受，讓每個人都有機會好好地聽與說。治療師表達時，沒有任何不好意思或批評的語氣，而是以好奇的態度陳述事實，詢問家人如何看待這個行為，不擔心問這個問題會傷了誰的面子或破壞家庭氣氛。由於治療師是基於尊重自己和他人的立場，以願意傾聽的溝通方式表達好奇和提問，點出案家潛藏的互動規則：「不用聽阿公的話啦！反正大家都知道他很囉嗦，不必理會他！」也打破了阿公潛意識裡的想法：「你們都不聽我的話，我要說得更多，讓你們知道我是家裡重要的一份子！」

當吳老師點出這些家庭現象，建立了「任何人說話，大家都要專心聽」的新溝通規則（玩手機是內在感受的溝通表徵），也帶出案家新的互動模式與溝通氛圍。家族治療現場的動力訊息很多，治療師要快速抓取並篩選案家資訊，做出有效調整家庭動力的回應，而介入策略的有效與否全仰賴一致性功夫之深淺。一致性高的治療師能對自己、他人和所處情境做出正確的解讀與理解，看懂家庭系統傳遞的訊息，決定治療處遇的介入方式。

對我來說，面對案家的打岔行為或不參與，心中難免會產生各種小劇場，可能夾雜著不舒服或自我忖度的想法，不可諱言，這些都跟自己的內在狀態有關。治療現場有太多動力線索在流動、拉扯著，當一下子湧入眾多訊息，焦慮、慌張、不確定該循哪條路徑前進時，的確很容易選擇最不會丟失面子的方向，這是最不需要冒險讓治療陷入尷尬或不知所措的做法。

如何讓自己更有「冒險」的勇氣？我認為可以從日常生活與專業工作齊頭並進：與人互動不太舒服時，注意自己是選擇性地忽略還是隱忍下來，不管原因為何，都嘗試以不批評、不討好、保有彼此自尊的應對姿態練習表達真實的感受與期待，然後看看會發生什麼事。累積了更多經驗，自我認識與接納將大幅提升，更有面對新挑戰的勇氣。專業工作方面，每次諮商結束可以問自己下列問題：

諮商過程中，我在什麼地方覺得焦慮、緊張或懼怕？
我在擔心什麼？
我想說哪些話或做哪些反應卻不敢表達？
這些不敢表達的言行跟案主（案家）哪些行為反應有關？
我的治療目標是什麼？
怎麼做有助於推進或達成治療目標？

從這些反思整理出新的介入策略，下次與案主（案家）互動時做點新嘗試，看看他們有什麼反應。打破了自我侷限與懼怕的框架，從小嘗試中持續累積新感受，擴展自我認識與體驗，對差異或變化更有適應性和包容力。身為心理助人工作者，不論屬於哪個門派，專長是個別諮商、團體諮商或家族治療，都不能小覷「一致性」的自我修練。

五｜一致性的三個層次

一致性的第一個層次是接觸與整理自己；第二個層次是接納的功力；到了第三個層次，最大的功力就是「臣服」。——吳就君

前情提要

提案人學員 A 與一對夫妻會談遇到瓶頸，團督學員角色扮演後，學員 B 發現自己的評估與案主的回應有落差，展開一致性三個層次的對話。

學員 B：我覺察到開會的時候，有人表達零碎、不太清楚，我就會有點煩躁，覺得「你到底要講什麼？」而我也還在想，對溝通要清楚簡潔的期待是怎麼來的。

吳老師：我要告訴大家，他這個例子是在與自己接觸，他正在走這個歷程。

學員 B：我會問我的伴侶，她是不是有被我這樣期待的感覺？她說如果她講話沒有那麼清楚，我常會給她「我覺得妳很笨」的感覺。我也想到家族溝通是沒有辦法聚焦討論的互動方式，就像過年吃飯的時候，你一言、我一語，各講各的，好像沒有關聯。我在旁邊看，會有「你們在講什麼？好像話

都沒有對焦」的感覺。去年我跟阿姨說：「妳可以聽某人講完再開口說話嗎？」我發現她們姊妹竟然可以這樣各自獨白溝通了幾十年。

其他學員：很多家庭都這樣啊！

吳老師：我聽了學員 B 的反應是：前面你是在與自己接觸，跳到一致性來說，你正在走一致性的第一個層次和第二個層次，你正在那裡掙扎。一致性的第一個層次是什麼？

學員 B：我與自己的接觸、我自己的感受。

吳老師：對，你自己的三塊還沒有完全融會貫通，但是你有對自己下功夫。第二個層次是什麼？

學員 B：第二個層次是我跟家人一來一往的時候，希望去調整是不是有不一樣的互動方式，我想知道他們怎麼會變成這樣的講話方式。

吳老師：好，我分享我自己的第二個層次，我的第二個層次也還在努力中。第二個層次的一致性就是能同時覺察我自己的三塊和別人的三塊並找出平衡點。那個一致性境界是什麼？你們家就展現這樣的溝通模式。當他們都說「很多家庭都這樣啊！」的時候，你就要想，當我要求到**第二個層次的一致性時，我的境界是：我要接受這個事實，我接受他們那個樣子，人間就是這樣**。當我和兩位阿姨聊天時，雖然她們是各自獨白，但有個共同點是都在表達自己的養老健身之道，在我們離吃飯還有一個多小時的情況下，我也蠻有興趣聽她們是怎樣決定要去跳肚皮舞健身的？開始時會有什麼阻礙嗎？於是我就問其中一個阿姨：「妳會選肚皮舞健身，這個因緣是怎麼發生的？」從這個話題開始，我們三人在往後一小時的溝通裡，開始有連接、有聚焦、有意思起來，以上的描述是不是可以看到我內心的三個部分都在流動，與外在環境（阿姨的時空脈絡）連接。換句話說，**第二個層次的一致性是先有了第一個層次（我）內在的一致性時，就有進一步與環境的人事物發展一致性的可能，這就是接觸自己、連結別人。人味的關係建立是一致性第二個層次的功夫**。而你剛剛所說的部分，正是在這兩個層次中掙扎的現況。講到這裡，其實一致性的修練和治療師這個人對於「人」究竟存有多少關心有著密不可分的關係。

學員 C：那接下來是什麼階段啊？

吳老師：天、地、人，跟萬物、宇宙，擴大到所有人類及萬物的存在，這是一致性。這不是說這個段落完了就到下一個段落，而是不斷來來回回、持續性地做整理及努力。大家在這個地方跟得上嗎？

學員 D：老師，我想核對一下，所謂的第二個層次是指我能夠理解自己的狀態，但是在互動場域中，我又能夠理解他們因何會這樣，然後我懷著「想要了解、接近對方」的一種互動過程嗎？

吳老師：是的！這就是所謂的「接納的功力」。**到了第三個層次，最大的功力就是「臣服」**。今天我舉自己和當乩童的師姐的例子，我們在生活經驗、價值觀是那麼不一樣的情況下，我和她遇到了，我要如何互動，對她、對我都是有意義的相遇，這就是我的練功機會啊！（笑）我很珍惜與每個案主相遇，這都是一致性的修練機會，他們都教會我很多。那不是成功或失敗的思考，而是每一次都會發現接觸自己、連接別人的新經驗。

學員 A：有時候在夫妻系統工作，是不是也是致力於促進他們在第二個層次的一致性？

吳老師：對呀！

學員 A：丈夫是這樣，妻子是這樣，他們能彼此了解，然後試著去互相接納。

吳老師：是的！

學員 A：好難喔！

吳老師：**試著接納並不是要消失我的主體性，而是雙贏的，是「你可以接受，我也可以接受」那樣的境界。**

學習軌跡

跟著吳老師學習家族治療好一陣子，從未思考過「一致性」有階段或層次差異；一直以為吳老師談的一致性，不就是回到治療師內在的自我修練功夫，不也是助人工作領域經常聽到的「鍛鍊治療師本身」這個助人工具嗎？

吳老師在這次督導提到一致性分為三個層次，從治療師本身的自我覺察為起點，像一個同心圓不斷外擴，透過不同層次的淬鍊，面對各式各樣案主（案家）可以更有涵容性與效能感。我對吳老師界定一致性三個層次的理解是：

第一個層次是治療師能自我了解與認識，面對各種生活事件或經驗，能接觸到自我核心，感受愛、恨、喜、惡、貪、嗔、癡的真實樣態，以不隱藏、不逃避的態度清理內在引發的感受與想法，進一步思考與沉澱。

第二個層次偏重互動層面。與人互動時，我們不免會帶著主觀想法與感受，但是治療師要能區分自己與案主（案家）的差異，清楚個人當下的感受、想法與思考脈絡，同時能同步理解案主（案家）可能衍生的各種感受、想法，納入生理、心理或社會文化相關因素，理解互動的脈絡並給予案主（案家）足夠的承接，使其自發性地體悟及改變，適度推進治療歷程。第二個層次的接納功力，實有賴良好打底的第一個層次為基礎。

第三個層次的臣服不是認輸或投降，而是放下想掌控的企圖。許多人期待生活朝自己想望的方向發展，然而各種不確定與不可掌控讓人陷入緊張焦慮。臣服是指保持隨遇而安的生活態度，接受事件的發生並經驗它，順著這個生命的「流」，不執著一定要如何發展，而是坦然面對與接受，不阻抗、逃避或否認。坦然面對有助於了解內在真實的渴望與需求，為自己的選擇負起責任，降低無法掌控的痛苦感。當疏通了阻擋生命流動的障礙，生命的能量就能繼續流動。換言之，個體在臣服階段需要注意內在狀態與外在世界之間的關係和互動，隨順生活的引領，學習接納各種人事物的出現與存在，坦誠面對被激起的感受，練習找到讓自己安在的位置，最後體悟到「這就是人生啊！」

回顧助人工作的學習歷程，剛畢業時生活經驗少，生命體悟不多，面對來談者，滿腦子都在思考如何運用所學解決問題，有時跟案主陷入同樣的情緒，不自覺地背著案主的問題；有時則被案主激起了情緒，籠罩在看不到出路的挫折與無力中。隨著年紀漸長，生活歷練增加，人生角色多元後，慢慢發現每個人在人生路上多少都有卡關的時刻，就像生活的「流」因為「障礙物」太多，導致生命能量受阻而無法順利通行。這些障礙物是何時、怎麼堵塞的？自然有其形成脈絡與原因，助人者要陪伴案主面對和理解這些「堵塞物」，協助他們離開原地打轉的受困狀態，清理出一條可以通行的路。有了這些感悟，對人多了一份寬容與理解，也開始學著承認自己的脆弱。面對生活中各種酸甜苦辣，練習看懂內在的感受與渴望，透過不斷自我爬梳與整理，人我互動的應對可以更一致些，更坦然自在地面對各種世事無常與悲歡離合。

當治療師達到一致性的第三個層次，案主的感受應該會很不一樣。若從助人工作是「以生命影響生命」的角度來看，一致性越高的治療師，帶領案主看待人生困境的視野與氣度越寬廣。我認為「臣服」這個層次與治療師的生活歷練密切相關，是一種不試圖操控、接受人生淬鍊後對生命的了然與胸懷，對宇宙萬物抱持尊崇與謙卑的心，回過頭來對人類的苦難產生更多慈悲、理解與包容。當然，前提是第一、二個層次的基本功必須夠厚實，第三個層次的修為才能往上提升。一致性的修練是一輩子的功課，與大家共勉。

六｜漫長的旅程

接觸自己，就是要去接觸自己內在那個漂泊不定的中心點。……當我們接觸中心點時，也會連帶看見自己心中的害怕、擔心、得失心，……當我們越能接觸自己，越可以做到一致性，這是一個漫長的旅程。——吳就君，《沙灘上的療癒者》

前情提要

提案人學員 A 提出一位 13 歲性猥褻案行為人個案，由鄰居通報，希望他可以接受治療。治療師衡量個案狀況，主動邀請案父母一起會談。學員 A 挑選兩段諮商錄影片段，與吳老師及團督學員一起討論。

> 學員 A 播放第一段錄影，案母提到會幫兒子收書包，學員 A 表達對案母的行為不以為然，不知道該如何回應案母的困惑。

吳老師：我想問大家看到這個錄影片段會想要怎樣做？

學員 B：我可能先肯定媽媽很想要照顧孩子的心情，接下來會問她：「這是孩子喜歡的方式嗎？」就是兒子喜歡媽媽幫他整理書包嗎？

吳老師：我肯定你這個想法，但是可以不要這麼呆板地問回去嗎？可以直接問小孩：「你需要嗎？」因為這個情境不是個別諮商，而是親子同在，所以有機會問孩子：「大雄，你需要媽媽為你整理書包嗎？」若孩子回說：「隨便啦！」接下來你會怎麼做？

學員B：所以，我不用再回頭去問媽媽嗎？

吳老師：不用。此時你是不是起了膽怯之心？怕媽媽傷心了？剛剛我們有討論，你要不要分享一下，你那麼害怕傷人的內心狀態是什麼？

學員B：我在中場休息的時候有跟老師討論，我覺得接觸案家對我來說很困難的是，我怕我會傷害了他們，我怕我會做得不對，擔心沒辦法給他們「對的治療」。老師給我的回饋是：她很久以前也有類似的反思，在那段反思過程裡，她得到一句話：**「當你很害怕去傷害你的案主或案家時，這反映的是你本人害怕受傷，害怕接觸自己的脆弱。」**我聽到老師這樣說就覺得「對！」每次害怕傷害案主或案家的時候，其實是我心裡很害怕被他們傷害。

學員 A 播放第二段錄影，認為案母在對話過程其實有情緒，但是不太願意承認。學員 A 覺得自己說話直白，詢問要如何調整說話方式。

學員 A：我發現自己太站在案主的立場說話，就是我跟他太接近，所以常會有跟案主同盟的狀態。但是，我覺得這個孩子已經這麼誠實講出他的狀態了，為什麼案母都不來聽一下他的想法？另外一個是，之前聽大家分享父母為何要競爭對孩子的愛這個部分，我真的太驚訝了！原來我可能也是爸媽競爭的對象，而我並不知道，這是我的新發現。我覺得我有時候蠻難貼近案父母的心情，看到案母常代替孩子做一些事，我認為大可不必，但又不知道要怎樣向案母反映這個狀態，剛剛聽到老師的做法，跟案主說：「你需要媽媽為你整理書包嗎？」這點我還需要練習。

吳老師：「你需要媽媽為你整理書包嗎？」這句話，在那個當下，為什麼妳會對孩子說不出來？妳知道自己出不來的阻力是什麼嗎？

學員 A：我大概知道，因為我知道孩子需要感受被疼惜的感覺。

吳老師：我會說，妳這句話是妳的投射！

學員 A：真的嗎？

吳老師：嗯，所以我告訴大家**要多接觸自己，人都會投射自己的想法或自我防衛，甚至欺騙自己的**。

學員 A：老師，那我怎麼會這樣？

吳老師：會不會妳跟孩子融為一體了？

學員 A：我變成了孩子的代言人嗎？

學員 C：學員 A 是跟孩子結盟了？

吳老師：可能啦，但依學員 A 的特質，她跟孩子合成一體了。很多屬於孩子（案主）的狀態，學員 A 都能認同及接受，就投射學員 A 的東西到案主身上。學員 A 沒有分開來看，她可是一個治療師喔！

學員 A：老師，妳的意思是，案家和我四個人的關係裡，其實我也在跟他的父母競爭，就是我想要表現比較懂這個孩子，他們都不懂？

吳老師：我接受妳的自我探索。那為什麼妳會這樣呢？是不是妳跟孩子太融為一體了？妳為何會跟一個少年產生這樣的狀況，這也很值得問妳自己。

學員 D：老師，這是學員 A 的投射狀況，還是她跟她的案主在一起的時候，會太想幫他創造一個理想的情境，所以用這個理想情境在看爸爸、媽媽的時候，好多地方不理想，她就想用怪手把這個地方挖過去、剷平。

吳老師：這有可能成立。成立的話，我會再問（轉向學員

A）妳為什麼這麼愛他？

學員 A：（喃喃自語）我為什麼這麼愛他？

學員 D：她對她所有的案主都是這個樣子的。

吳老師：我剛才聽到學員 D 說學員 A 跟她的案主工作都是這樣子的話，請學員 A 將學員 D 的觀察視為一種回饋，放在心裡細細咀嚼，好嗎？不要一下子就回應我，好嗎？因為一下子回答可能是妳的自我防衛機轉。妳跟案主工作的時候，為什麼那麼容易認同案主，總是站在單一的位置或角度傾聽？**一個有功能的治療師要同時能 join and out of system，能夠同步加入又能抽離，這是第一課**。如果妳一直把兩個部分糊成一團的話，要怎麼走出這個狀態？這個留給妳去體驗和練習吧！

註：本團督屬於封閉性團體，成員間有一定的熟悉度與信任感，都參加過種樹工作坊，甚或擔任工作坊的主持或助教工作，因此討論過程的氛圍能讓成員在自我揭露與自我探問上，有更深度的反思與回饋。

學習軌跡

這次督導的兩段提問和討論都要治療師不斷碰觸內在，回推評估、介入背後的思維與感受，並思考與自己的關聯，讓我驚覺原來治療師的一致性是在如此環環相扣的過程中展現出來，也進一步反思自己是用什麼樣的眼光與案家互動？在互動過程中，是否常忽略或隱匿了個人的觀感？是否不自覺地以所謂「專業」角色評估來談者？會不會因為常使用「個案概念化」的觀點解析案主（案家），忽略主觀經驗影響了專業助人工作？

由於專業訓練使然，助人工作者在諮商歷程很容易站在比較高的位階來看案主，以「超然」的姿態俯瞰求助議題，忽略了治療師縱使接受過心理治療與助人技巧訓練，仍擺脫不了主觀感受與想法。面對求助者，我們並沒有自以為的那般超脫與客觀。吳老師與學員們對話對我最大的提醒是，追根究柢，治療師對案主（案家）的評估或假設可能是一種自我投射，就算訓練有素的治療師也會不自覺地自我欺騙。如何保有清澄透亮的心，「映照」出家庭系統錯綜複雜又暗藏伏流的互動呢？治療師的「一致性」扮演至為關鍵的角色。

我想引用神秀的禪學偈語：「**身是菩提樹，心如明鏡台，時時勤拂拭，勿使惹塵埃**」進一步說明，治療師就像一棵有覺察力的菩提樹，內心似一面明鏡，各種生活經歷交織出的喜怒哀樂感受、主觀論點、對人的假設，有如細微塵埃不知不覺黏附在我們的心鏡上。這些「塵埃」就像人戴上了有色鏡片，容易扭曲事件原貌，斷章取義地做出主觀性投射評斷。唯有不斷自我覺察，逐一辨識並擦拭這些障蔽心性的「塵埃」，才能回復心鏡的清澈明亮。

對我來說，諮商過程卡關是練習「一致性」最好的時機。此時內心可能煩躁、焦慮或緊張不安，身體出現僵直、頭痛或胃痛等反應，腦海中翻攪著不以為然或覺得困住了的想法，不必急著閃避或懊惱、自責，練習深呼吸讓「心」放鬆下來，往內專注提升感受的敏銳度，將自我、他人及脈絡情境資訊全部涵納進來，再考量如何做出一致性的回應。

要成為有效能的家族治療師，需要對人性有整體深入的了解。華無式家族治療師與來談者相遇時，期許能以一個整合的「人」而非「專家」姿態互動溝通，讓案主朝自我整合的方向邁進。走在成為家族治療師的路上，期勉自己認真活在每個當下，細細品味生活中的酸甜苦辣，持續在永無止境的精進之路努力以赴！

練功房

治療過程中，家族治療師是發揮助人效能的重要工具。華無式家族治療接觸人、我、時空課題的練習，是精進自己中心點的重要方式，也是發展與訓練自我「一致性」境界的基本功。在「一致性」的篇章，我們看見「一致性」的淬鍊跟治療師的人味、視框與胸懷密不可分。華無式家族治療的訓練透過「與人接觸」課程認識與體驗何為「有人味」的治療師；「家庭溯源」課程藉由探索家庭與成長經驗，了解家庭對自己的影響，建立治療師對家庭歷史縱向的視框；「團體動力」課程訓練對人我動力交互影響的敏察力，培養運用自我與介入系統的能力。這些課程協助治療師從不同面向精進人、我、時空三方面的專注功力，進而提升治療師內在的「一致性」。

想成為一位兼具人味與效能的家族治療師嗎？歡迎您加入華無式家族治療師的訓練行列！

Chapter 4

合作關係

潘怡潔、蔡聖茹、黃雅羚

一｜合作關係

合作關係最核心的是相互之間對於角色的權利義務有默契。這份默契的形成，最重要的因素是「關係」和「過程」。——吳就君

前情提要

提案人學員 A 與吳老師討論合作關係的內涵。

吳老師：什麼叫合作關係？核心是在角色的權利義務，是透過互動過程喚醒案家，意識到對自己的問題要有權利義務感。這種意識的覺醒常由案主感受到被治療師關注、看重、了解的經驗引發。

學員 A：意思是說我們兩個都要投入治療，而且彼此要為這個改變負責嗎？

吳老師：不是你要負責。你要負責的是「你是個治療師」。治療師的功能、角色是什麼？並不是要由你來負責解決問題。這時候問題的責任是案主，但案主來看你時恨不得把所有責任都丟給你，很多治療師、社工師都是拿起責任，充滿愛心地背著走，那些都不是合作關係。

學員 A：我認為要建立合作關係，治療師要擔負的是專業角色的責任。

吳老師：對啊，可是那個專業角色不是用來威脅案主，不是讓案主感覺「做錯了」，而是用良接良發的溝通，讓案主感覺治療師有進入案主的情境去看問題、聽問題，治療師這樣的努力會催化合作關係的建立。治療師讓案主感覺被尊重、信任、有安全感，就可能提升案主的自主性、自尊和自我責任。

學員 A：老師，我覺得要做到這件事，絕對少不了與人接觸的能力、與人貼近的溫度，要往內在自我探索和成長，避免一再投射自己的議題到對方身上，變成阻擋我去理解案家。

吳老師：是的。以圖像來想像，就是**案主與治療師有時候手牽著手，有時候放開手，案主自由自在地講他的經驗，治療師有另一個腦袋，在有距離的地方聆聽。必要時，我們又可以手牽手，那就是合作關係。**（參見圖 5）

學員 A：治療師有時讓案主自己走，甚至鼓勵案主嘗試往前走一點，治療師隨時陪伴、給予回饋，是這樣嗎？

吳老師：是的，我們做過合作關係的雕塑。

學員 A：我可能會形容我進行的治療關係叫做「老牛拖車」、「像是照顧襁褓中的嬰兒」或「彼此互相叫囂，要分出高下」。

吳老師：你是說治療師和案主在角力，要比出誰是強者、

圖5 治療師與案主的關係

誰控制情境嗎？

學員A：對，我要把你壓下來、我要贏你，或是「治療師與案家的思考不一樣，完全在自己擬定的情境中工作」。

吳老師：治療師投射自己的議題，盲目地做自己看到、和案主實際需求有落差的工作。對，你知道什麼是合作關係。像你剛剛說襁褓中的嬰兒，那個權利義務就有明顯的上下不對等。

學習軌跡

我們過去對治療關係多停留在認知的理解，認為治療師要注意與案主之間的界線，應遵守完善的治療架構以保護案主和治療師雙方，理所當然地認為治療師與案主能夠一起「合作」完成治療。實際上，當治療卡關，與督導討論或自我反省的時候才開始摸索出了什麼問題。如果把治療圖像化，腦海中會出現什麼畫面？是擂台上敲鐘後的對決，還是雙方共同走過一段旅程？彼此的距離如何？誰前誰後？怎麼決定方向？關係是友善還是緊張？整合治療師對治療關係的概念與實際互動狀況，有助於反思與案主的關係，進行適當調整。

曾聽過一個比喻，治療好似與案主走在黑暗的森林中，案主迷了路，氣急敗壞又恐懼退縮，不確定能否走出森林；治療師要運用專業判斷找到北極星，幫助案主找到前進的方向。過去覺得這個比喻很生動，向吳老師學習後，我們開始思索那顆北極星是治療師決定的嗎？還是許多時候也需要案主的協助？兩人一起在森林中前進的畫面，要如何落實在實際的治療場域？

當想像的畫面是：「治療師如老牛拖車般吃力地推動案主前進」，好像意味著治療師已確定幫助案主的方向。我們開始反思，有所謂正確的方向嗎？與案主核對過嗎？也許我們要好好確認案主的準備狀態及動機，只是一味拉動案主，要其配合的也許是治療師自己的野心。

當想像的畫面變成：「治療師與案家彼此叫囂，搶奪控制方向的主權」，代表治療關係變成了要拚出輸贏的競爭，彼此都想把對方比下去，證明自己才是對的。這種情況下，治療師無法進入案主的世界，更不能成為合作夥伴。

當想像的畫面顯示：「治療師好像抱著襁褓中的嬰兒前進」，治療師盡力滿足案主需求，承擔決定旅程方向的責任，把案主當作柔弱無知的嬰兒般照顧，案主可以任性地要求或依賴，沒有承擔的義務。

或者畫面顯示為：「治療師與案主都害怕、無助而在原地踏步」，代表治療師貼近案主的經驗時，雙方糾纏在一起，難以有距離的思考和專業判斷，最後完全認同案主的困境與無助，失去前進的動力。

上述幾個圖像或多或少都曾出現在治療經驗中，因為治療師和案主的權利義務模糊不清，與理想的合作關係相去甚遠。其實案主對問題自有看法，也知道癥結點與自己有關，但是因為太苦了，不願意或是還未準備好面對。治療師的職責是以專業知識評估問題，充滿「人味」地與案主接觸，接納他們的害怕、擔心、遲疑、困惑，看見家庭動力的流動對自己的影響，陪伴案主展開學習的旅程。

然而，治療師經常忽略與案主接觸和引導他們看見問題的歷程，實務上的確相當困難。案主求助時，往往籠罩著害怕、焦慮、懷疑、抗拒、否認等情緒，期待治療師承擔改變的責任，並非治療師說出正確的評估，就會欣然接受，願意配合，反而容易引發三種狀況：（1）覺得被冒犯、受到挑戰而進入競爭模式；或是（2）表面順從，實則不願接受；（3）治療師還未覺察清楚，就一腳踩進獨自一人拯救案主的位置。吳老師教導我們，治療師放下主觀意識，以「空白的狀態」與案主建立關係，要比直接提出問題癥結點更優先；亦即引導案主看到問題以及問題與自己的關係，都是在與案主接觸之後的事情。治療師要能夠不帶成見地了解案主的世界，使其感覺是一個溫暖的人進入他的世界，願意產生信任與安全感，需要鍛鍊「一致性」的功夫，覺察自身議題與價值觀如何影響判斷並降低其干擾，以人性化的自己與案主連結。當雙方都承擔了自己的權利義務，才能建立合作關係。

綜合上述所言，理想的治療合作關係是：治療師與案主同行，時而並肩、時而牽手，案主能自由、安全地談論自己，治療師引導其看見問題並給予回應，視案主狀況，有時走得比案主快幾步，但總是與案主同在。

二｜治療的架構

我不會做親子之間的傳聲筒，我鼓勵父母學習直接與子女對話。——吳就君

前情提要

一對夫妻因丈夫外遇引起衝突，提案人學員 A 提出難以與他們建立關係，以及妻子在某次治療憤而離席的問題。以下是吳老師督導的片段。

學員 A：我有一次單獨跟先生會談的機會，太太在治療室生氣，然後離開，有半個小時跟先生單獨談話。

學員 B：你跟先生單獨會談的目的是什麼？你們會談後，太太知道你們談了什麼嗎？

學員 A：通常……單獨會談的目的，就是回到先生會去講他困難的地方。他會主動講跟太太互動上的困難。

學員 B：太太在場就不會講嗎？

學員 A：對對對！但是這件事情我也會讓兩個人知道，我會對他們說：「你們跟我講的事情，我都不會隱瞞，我都會告訴你們的。」所以從先生那邊知道的訊息，我可能也會在後面跟太太講的時候加進去。

吳老師：你的意思是你跟先生有單獨的談話，這是怎麼發

生的呢？

學員 A：那是某一次太太已經憤怒到大聲罵完之後，對我說：「心理師，對不起，我沒有辦法繼續再這樣下去。」然後她就離開現場了。那時距離會談結束還有三十分鐘，所以我就跟先生有單獨的對話。

吳老師：你是因為太太離席，只剩下你和先生在會談室而發生的嗎？

學員 A：對，是因為太太離席。

吳老師：通常伴侶治療不會這樣做，而且你剛剛說你還跟他們表示:「你們跟我講的事情，我都不會隱瞞，我都會告訴你們的。」這也不是治療師的角色。治療師做伴侶治療時要跟他們兩個講好，我要與你們做夫妻會談，因為你們關心的是你們兩人之間的關係，這中間如果你們之中一個人想要做個別的時候，要得到雙方的同意，說明為什麼要做個別，然後問問伴侶的看法是什麼。治療師評估後也認為有需要時，會跟伴侶說明：「我跟你做個別的時候，我不是要做你們之間的傳聲筒。」這個要講清楚。

學員 A：雙方都要同意。

吳老師：是的，做家庭治療也一樣。假如我今天單獨要跟爸爸講話，這件事情在全家面前要公開得到同意，尤其青少年也要同意為什麼我要個別做爸爸，或是我要單獨跟爸爸、媽媽說話，孩子要知道，也要了解原因，然後講明：「我跟爸爸、媽媽講的這些話，就是我跟爸爸、媽媽之間的事。我不會做親子之間的傳聲筒，我鼓勵父母學習直接與子女對話。」這是示範系統間的界線、代間的界線，學習尊重和了解。

學員 A：也是保密和隱私的考量。

吳老師：都要考慮進去。你剛剛提到太太在歷程中生氣走出會談室，留下丈夫單獨在我面前，我當然也很愕然，會試著問丈夫：「你想太太為什麼離開呢？」丈夫說明看法後，我可能會繼續問：「你會想做些什麼呢？」如果丈夫不想，而且認為太太不會回來時，我會問他有沒有危險性？回去以後他會如何處理和了解？並且我要丈夫鼓勵太太下次能夠把不滿意的感覺說出來，約定下次同一時間繼續夫妻會談。如果丈夫要求：「我想我有話要跟你講。」這時候你（對學員 A）怎麼回答？

學員 A：因為我們約好這個治療是三個人一起進行，如果你有些話想單獨會談，我也希望太太能聽到你的需求，讓她了解你的需求並表示她的看法。

吳老師：好，在場別的學員有人想談談這段說法嗎？

學員 C：我試試……「好像你有些話想單獨跟我說，不過這個狀況我想等下次太太一起來的時候，我們一起商量。你提出需要另外安排一次單獨會談的時間，或許太太會不會也有一個單獨談的需求，雙方都說明需要的原因，我們一起做個討論和確認之後再進行。」

吳老師：下面加一句話：「你聽起來如何？」你建議怎麼做之後最好得到對方的回饋，確認對方的想法，加強彼此之間的溝通效果。

學員 A：謝謝老師，這點是我看書和聽錄音檔的時候，發現我都沒有做到肯定或接納案主的語言表達，很可惜。

吳老師：你已經被自己的情緒綁架了，你也清楚自己被綁架了吧？任何一個人處在被自己情緒綁架的時候，都會變成這個樣子。

學習軌跡

吳老師很強調「治療架構」的重要性。架構的設立（如會談長度、地點、頻率、療程次數、形式、參與人數等），是將會談歷程具象化為契約，讓案主能夠想像一段改變的旅程大致的模樣，治療師也可適時提醒案主投入並負起改變的責任，一起建立合作關係。例如伴侶決定會談，隱含的意義是彼此都要對會談負責並做出承諾，會談的開啟、投入及結束是雙方的權利，也是義務。然而，案主可能對改變歷程、應負的責任看法不同，產生了想要改變架構的動力，常見的現象包括：案主希望「比較有問題」的一方留下來與治療師多談一點，認為改變的責任在另一方身上；或者其中一方希望多與治療師單獨會談，也許想逃避直接與另一方溝通；或是尋求與治療師同盟、期待治療師為自己發聲等等。初學時，未察覺夫妻挑戰架構其實隱含了家庭動力的展現，直到跟隨吳老師學習家族治療，明確指出這個現象才有更深的體會，提醒自己理解原因之前，要小心避免破壞治療架構，應當將這個現象放在檯面上討論。若輕易接受架構的改變，意味著治療師也同意案主對改變責任歸屬另一方的看法。如果治療師與其中一方結盟，或是同意額外的個別會談時間，間接淪為家庭成員的傳聲筒時，只是加入了原本不斷重複的家庭僵化互動模式，而非協助案家面對實際的問題。

即便理解治療架構的重要性，當其中一方突然在治療過程中離席時，這樣明確拒絕配合會談的行為必然對治療師產生衝擊。我們從個別諮商走向家族治療這條路上，對於處理一方缺席的情形常感為難。過往總是想著如何重新邀請家庭成員加入，或是轉向出席的一方努力工作（至少拉住一方，不要失去整個會談，或許能證明自己並非對案家完全無能為力）。治療師的焦慮蒙蔽了專業眼光，忽略會談室持續發生的家庭動力，焦急得像個招生不足就無法開班的授課老師。向吳老師學習時，深深體悟如果沒有深入覺察、接納自己並引導自己成長，治療師很容易在治療架構被挑戰時陷入受挫的情緒，可能急於想要多做一些貢獻，或在「多少做一點」的心態中失衡而順從案主對架構的破壞，不自覺地過度承擔案家的責任、同意案家彼此推卸責任或依賴治療師。處理這個情境，正是協助案家面對治療期待和投入責任的時機。

上述案例中的丈夫在太太憤而離席後，提出與治療師單獨會談的需求。吳老師強調在合作關係中，丈夫與妻子同等重要，建議應說明變動架構需獲得所有人同意，這是一種尊重，也是促進案家為自己負責的過程（包含遵守約定回到會談室面對彼此及對話），治療師絕不會成為任何一方的傳聲筒或拯救者。吳老師還提到華無式治療有一個非常獨特之處，治療師說明治療架構前，會先看到眼前的「人」——看見丈夫有表達想法的需求，這是一個人當下展現能量、期待被理解的心情，值得尊重和肯定。吳老師面對這樣的情境會說：「你心裡有這個要求，我覺得很好。」短短一句話肯定了丈夫的自尊，展現人與人此時真誠的交會。這是很重要的提醒：在任何狀況下，離開的妻子、留下的丈夫，都是想要被看見的人。

三｜治療的權利與義務

哎呀，好漂亮的一段對話，我看到你（丈夫）在尋找新的方式，妳（妻子）也在尋找新的方式對應。剛剛我看到你們就在發生這樣的互動，我覺得好美啊！——吳就君

前情提要

一對夫妻發生激烈爭吵，常以「不知道」、「由治療師決定」回答提案人學員 A 的發問。學員 A 感受到夫妻雙方渴望改善溝通，想要學習與夫妻建立合作關係的方法。吳老師在以下演練中說明及示範如何讓治療關係的權利義務「歸位」，包含治療師如何運用自己的評估，以及如何催化夫妻展開直接的對話。

（學員 A 扮演治療師，學員 B 扮演妻子，學員 C 扮演丈夫。吳老師鼓勵治療師移動座位靠近妻子，以非口語方式支持妻子直接向丈夫表達）

妻子：（對丈夫）我剛才試圖表達我喜歡你對我的方式，有時候我覺得你做得到，但是你剛剛說你煩躁的時候，我覺得你其實不想要我表達需求。我希望你懂我的需要啊！但是我不喜歡面對你的煩躁。

治療師：（對妻子）妳把自己的感覺說得很清楚。

吳老師：（問治療師）妻子現在的回應和剛才的表達有沒有落差？妻子剛剛好像在指責丈夫，都是他的不對等等，但是她現在是說她害怕他的煩躁。這兩個東西聽起來有個線索，是不是治療師有這樣的線索時就介入，問妻子：「那妳想不想了解他的煩躁是什麼？」

妻子：我會想啊！

治療師：老師，這個地方我不太懂，他們兩個講的不一樣，如果這個介入是妻子有沒有好奇對方的煩躁是什麼，這是想要他們在這個地方有什麼連結嗎？

吳老師：讓太太學習了解他的語言運用，要不然他們兩個人的溝通都習慣說對方的錯。**夫妻治療或家庭治療，每個人習慣找對方的錯、指責對方，我們要把他們的互動過程慢慢轉，變成只有互相了解，沒有對錯的較勁**。我問妻子想不想了解丈夫的煩躁，我看她也樂意，你問看看（鼓勵治療師問妻子）。

（治療師看著妻子，手指向丈夫）

妻子：我要怎麼問？

（治療師點頭看著妻子，表示支持）

吳老師：（對治療師）你的位置回來。（提醒治療師的位置要回到夫妻中間）

妻子：（看著丈夫）你為什麼煩躁？

丈夫：因為我工作壓力很大，回來還要聽妳工作的困難，我是聽聽聽，其實覺得很煩，因為我自己也很有壓力，所以……聽妳抱怨工作上的事情，我有時候真的很煩，但不是不想聽，覺得除了這個還能聊其他嗎？可不可以輕鬆一點的，我們好像……可以聊點別的……

妻子：有時候，我也想知道你工作的煩躁，然後我們的生活就是工作，也沒有其他的事情啊！唯一能說的，就是你的工作跟我的工作，我們還可以講什麼？那你說輕鬆的事情是什麼？

丈夫：（嘆氣）輕鬆的事情，我也不知道是什麼，但我也不想把我會煩的事情跟妳說，可能……我聽到妳說煩的事情，我也不想把我煩的事情跟妳講，可能……更累啊！

妻子：那我們之間還有什麼可以講？你都在你的工作，我都在我的工作，那抽掉這個我們還要講什麼？

丈夫：嗯……我不知道。

吳老師：（問治療師）治療師，你現在心裡的感受是什麼？我每次都要先問治療師心裡的感受，治療師的想法往往是你最大的資產，因為你根據那個東西在做評估、做介入的策略，所以現在我要問你心裡的感受是什麼？

治療師：我覺得蠻好的啊！他們可以自己對話，我也就越來越往後退。

吳老師：我也是感覺這樣，我也覺得他們講得很好，好在哪裡？他們已經在表達，在尋找新的互動模式，這個跟我的假設是符合的。他們要脫離舊的模式，變成新的，雖然語言上不是，可是他們事實上已經走到這裡，我心裡很歡喜。剛好他們也在不知道的時候，你（治療師）這個溫度可以再加進去，你要怎麼加？

治療師：老師，我現在沒有想法。

吳老師：那我就加看看：「哎呀，好漂亮的一段對話，我看到你（丈夫）在尋找新的方式，妳（妻子）也在尋找新的方式對應。剛剛我看到你們就在發生這樣的互動，我覺得好美啊！」此時治療師如果願意分享治療假設的話，也可以分享，來加強他們兩個人的認知：「我在想你們過去同居四年，結婚兩年，過去你們這樣互相支持、聽來聽去的方式，在今天的談話裡，你們已經開始發現為什麼不可以用以前的方式呢？太太也表示說：「我希望你懂我的需要，但是我不喜歡面對你的煩躁」，而丈夫實際上工作有壓力，不想帶到家裡來，但是太太又建議說:「我們的生活就是工作，唯一能說的，就是你的工作跟我的工作」，可是丈夫又覺得：「可不可以聊點別的」，這些思考都值得努力！你們兩個從過去六、七年的相處模式，進展到要尋找新的互動模式，你們是在這個階段來找我會談的。」這時候你（治療師）就把你的假設，加強變成他們的認知：「所以我們需要花點時間來尋找什麼才是你們想要的新方式，你說說，妳也說說。」

（演練結束，回到團督討論）

學員 D：老師，合作關係中，評估真的也很重要。

吳老師：你講到合作關係，你稍微描述一下治療師和這個案家的合作關係怎麼樣？

學員 D：老師之前提過合作關係的核心是權利義務，我剛開始覺得很模糊，在剛才演練過程中看到治療師透過有訓練的評估，在治療過程中拿起權力，有方向、逐步引導案主負起他的責任。我們一起走一條我們覺得在一起的路，我覺得是這個味道。

吳老師：是，你看到那個圖像了，那個圖像就是合作關係，真的要講就是這樣，你抓得很好，是用全貌，而不是用治療師的哪一句話或哪一段而已。我根據你剛剛那樣講再來分析一下，第一個，治療師要太太直接對丈夫講，丈夫回應太太，治療師幾乎只在旁邊看，責任與權利就分開了！他們（夫妻）在談他們的事情！

學員 D：治療師鼓勵夫妻，夫妻就開始對話。

吳老師：對，而你說治療師跟太太講完，把話題接過來，又跟丈夫講，之後又接回來（老師做拋接球的動作），那治療師是在做什麼呢？你（治療師）的責任和權利分不清楚，變成是承擔他們事情的仲裁者、橋樑或解決者，治療的責任和權利全部都到你的身上。

學習軌跡

吳老師在團督時常提醒學生，華無式家族治療強調的合作關係是夥伴關係，而夥伴如何彼此信任、相互成長、各自承擔該有的責任義務？治療師要透過評估架構發展治療地圖，運用自己的評估促進夫妻溝通。當治療師有清晰的眼光，以穩定的態度和言語引導夫妻拿回溝通的責任時，即開展了合作關係。

上述案例中，治療師評估夫妻的溝通衝突來自家庭生命週期已經從新婚夫妻進入尋找蛻變的階段，需要在他們的關係中注入新元素，然而兩人的互動仍停留在交往階段，缺乏新的互動模式。治療師雖有這樣的眼光，但難以促進夫妻對話；他們看似願意配合，都向治療師傾訴心中不滿，就像倒垃圾般一股腦兒清空，等著治療師分類、撿拾，再將可利用的部分傳遞給對方。夫妻治療的新手難免會有這種狀況，然而若長期如此，案家會很依賴治療師的傳遞、翻譯，在會談室覺得被充分理解，離開後則出現回到原點的挫敗感；治療師可能從一開始自以為的效能感，逐漸變得疲憊不堪。這就是治療師過度承擔案家的責任，造成合作關係失衡的現象。

吳老師在督導時協助治療師直接促進夫妻對話，包含治療師移動位置、鼓勵夫妻直接面對彼此。我們發現這與單純的口語會談差異頗大：一般治療常是夫妻對著治療師說話，治療師著重會談的澄清與回應，呈現拋接球的現象；然而吳老師治療是順應現場的動力，靈活變化位置與姿勢，促進夫妻改變固有的互動模式，是很活潑又具治療性的技術。另外，我們也發現治療師促進夫妻合作時，對於當下動力的流動須具備 IN 和 OUT 的功力，不像一般新手治療師多在對話的內容層次（IN）打轉。上述夫妻對話看似衝突一觸即發，但吳老師強調合作關係要看整個圖像，也就是整體運作系統。當治療師往後退開（OUT）看到溝通系統，吳老師對夫妻系統啟動溝通的畫面給予「好美啊」、「好漂亮的一段對話」等肯定，重點不在誰對誰錯，而是夫妻展開對話，願意了解對方和共同面對困難。事後，扮演夫妻的學員回饋治療師，當治療師的態度穩定、不帶評價地參與時，即使心裡仍感不滿，但有一份冒險表達的勇氣，也讓夫妻自然地負起改變責任。

整理上面這段對話紀錄之前，我們一直覺得合作關係是基本態度和精神，看似每個治療取向都差不多，何以吳老師強調是華無式家族治療的訓練重點之一呢？深究後才發現，以前的學習經驗常在琢磨治療師的評估能力，至於讓案主理解問題的由來、覺察並負起改變的責任等向外促發的功力很晚才被啟發，為何如此？成長經驗中被教育要負起責任、不要造成他人麻煩，帶著這樣的信念進入治療，常變得過度承擔；我們也思考成為心理師的訓練過程中，強調要接納案主，內化了要為案主改變負責的信念，形成一種權威式的醫病關係和照顧關係，無形中，案主的改變責任都落在治療師身上，難怪面對某些案主總是感到耗竭，潛意識地期待案主缺席、請假，但是真的發生時，又陷入擔心失去治療關係的矛盾中。

有了這樣的省思，進行會談更留意身心的反應，尤其感到耗力、疲憊或身體緊繃時，會提醒自己要回到合作關係，檢視彼此的權利義務。治療後，問自己下列問題：

1. 用一個形容詞，形容你與案主（案家）像是什麼關係？你的感覺如何？
2. 腦海中是否有明確的治療地圖，並取得案主（案家）認同？
3. 案主（案家）能理解困境是如何形成的嗎？在逐步引導下，是否願意負起改變的責任？

回到治療室，可以用下列問題與案主（案家）核對：

1. 你們今天來這裡，對共同會談有什麼期待？對我有什麼期待？
2. 對於你（你們）關心的事情，你（你們）曾經做過哪些努力？
3. 如果有機會改變，會發生什麼事情？你們會有什麼不同？

當我們有意識地推進合作關係，會談時覺得身體更放鬆，更能專注當下的動力變化，適時提出會談感覺吃力的地方與案家核對，重新確認期待（是的，案家的期待往往是動態的！），而案家透過治療師的問話，也有內在探索並與他人連結的機會。

以上學習也相當仰賴治療師與自己接觸，讓身心形成一個檢核機制，如同吳老師在對話中的提醒：「治療師的想法往往是最大的資產。」學習華無式的經驗讓我們更往身心一致的方向前進，這是專業學習之外最大的收穫。

四｜逐步引導

把差異放到檯面上，雙方看到的不是對錯，也不是你要滿足我或你沒做到的議題，而是我們兩個不一樣，要互相學習。——吳就君

前情提要

督導時，由學員 F 和學員 B 扮演父子，兩人溝通有困難，吳老師示範如何介入，學員們分享學習心得。

學員 A：老師，妳引導的過程比我慢了十倍，可是我真的覺得他（爸爸）需要這樣。在我原本的過程裡，就只有我和兒子，沒有接觸他（爸爸）。

吳老師：你跟著兒子的速度。

學員 A：兒子受過西方訓練，爸爸面對熱情充沛、有感受、高智商的孩子，治療師有時都跟得很辛苦，何況是爸爸！老師剛才說到爸爸的資源及機會，不管是之前情感的受限、創傷等等，都讓他要跟上兒子的速度變得很辛苦。我沒有接觸他，所以就忽略了考量爸爸是否跟得上，反而焦慮於應該怎麼做。我覺得兒子一定有耐性可以等，你看光那個過程他就可以打 90 分了（上次會談進展緩慢，但兒子為會談互動評了高分）。我其實也很

意外，兒子的內心是很渴望（和爸爸溝通）的。再來就是，我看到沒有誰是問題者。原本接案時，我認為問題者是爸爸。

吳老師：你的很底層的假設會覺得「問題都是在爸爸」。

學員 A：對，我覺得困境與我沒有把家庭的全貌、動力評估出來有關。如果假設評估有出來就會提醒我，所以剛才有個體會是，怎樣在有治療師的評估過程中，用案主的語言，以他的方式、他的需要當素材來引導他。

吳老師：很好，你有這樣的想法就知道要在這邊下功夫。這個功夫只有實作，不是聽了就會，就是多做。

學員 A：我之前覺得評估架構第二、四題（見 169 頁）會打架，思考這兩個東西要怎麼合作，一個是案主覺得的問題，一個是治療師認為的問題與假設。

吳老師：你就朝這個地方下功夫努力。

學員 B：繼續往這個方向思辨，我實際做了之後再看老師的示範去對照嗎？

吳老師：都是，你都做，覺得評估架構第二、四題會打架，你就在這個地方多想，然後看我的示範時要去抓我怎麼引導，你抓到就會有進步。

學員 C：如果沒有針對文化背景去了解、思考差異，很容易認為爸爸有亞斯，會變得容易下診斷。

吳老師：你說的文化背景，意思就是前面全體的評估、整個家庭的評估，這個視框沒有出來的話，你看東西就……

學員C：提出差異之後，當孩子也知道他和爸爸的差異是一個整體的差異，看到孩子用不同角度理解他與爸爸的困境，那個過程讓我覺得很療癒。

學員D：最後定調在差異。我認識這對父子時，有個假設是他們都有一個不滿足，而且覺得是對方的責任，是對方沒有敞開心胸來了解我。但是談到差異，好像拉起了一個橋樑，這個差異是存在，然而從這個存在中了解對方，而不是誰對誰錯。

吳老師：把差異放到檯面上，雙方看到的不是對錯，也不是你要滿足我或你沒做到的議題，而是我們兩個不一樣，要互相學習。整個焦點放在這裡，兩邊也都很舒服。

學員D：那往後推這個脈絡，老師的評估從哪個地方會帶到這樣的焦點？

學員E：老師沒有問題化，而是接受這就是這個家的狀態，這就是我們對這兩個人的了解。**不是問題化地去看一個家的生態的時候，我們就把差異變成一個可以接受的現象**。我在猜，是不是這樣？

吳老師：我聽懂你的意思，你的開頭就不是用一個問題去看，而是全貌的評估。我在描述這個家的時候，還沒有講出問題是什麼和誰是錯的來源，以這個為基礎，你現在要做工作的話，一定要定義問題是什麼，然後目標是什麼，這在評估架構中都要出來。有了這個技術，再講什麼是問題時，我就會看到是差異啊！差異是個問題，但不是對錯的問題。

學員 B：我看老師介入時，其實也有教育的部分，但是這個教育不會讓人覺得不舒服，好像治療師要來改變我。

吳老師：你覺得有嗎？或者你可以用不同的角度，我在做教育，你也在做教育，有什麼差異？用整體來看，不要只看片段或注重細節。

學員 B：我覺得不會不舒服的原因是，老師好像是在幫我往想要的方向前進，那也是我想要的。

吳老師：你這句話是不是可以這樣說，我也是在做教育，但我做的時候是有脈絡和過程。在這個過程中，我的教育是試著進入當事人的位置，和他一起學習新的東西。但一些人做教育，是站在相對的位置，像老師指導學生，根本沒有進入當事人的世界。

學員 B：我剛剛扮演兒子，在結束前有一個困惑。當爸爸一直要老師教他，老師說沒有要教，我們是一起練習。當老師說「下次再繼續學」的時候，我就有一點不懂，妳又沒有要教我，那我們要怎麼學？

學員 F：我試著回應，我剛剛扮演爸爸的過程中，這個爸爸有很多被教的歷程，有了很多被接觸、看見、理解和接納的部分之後，我就比較敢去做一些嘗試。我覺得老師說沒有要教我什麼，只是讓我不要又想把責任往外推，得自己練習看看。那句話當下讓我不能再把問題丟給別人幫我解決，到後面雖然她有東西進來、還是教，但那句話「我沒有要教你」已被拋在腦後，當下只是讓我比較放心，去練習自己做做看。**那個過程中，我的很多不安、焦慮、害怕，其實諮商師有看見也接納時，我覺得治療師了解我的狀態，所以比較能聽進去妳給的指導或建議，而且這個教導是雙方各自有要學的功課，不是歸咎我或是誰，比較不會讓我覺得被究責**。一般的教導是你做錯什麼，我來教你，但是在剛才的過程中，我沒有這種感覺。我不覺得自己做錯，只是我們不一樣，老師鼓勵我們都應該要學，我要學、你也要學，我就覺得「好，那我們一起學」。

吳老師：所以你聽完這段話，你自己回答這個問題。

學員 B：治療師的位置不太一樣，我想像中的教導是治療師站出來，把治療師覺得對的事情告訴案主。但吳老師在教育的部分，是治療師站在案主旁邊，看到案主有這些（經驗），給他鼓勵與支持，邀請他試著做做看，做完之後再一起回來看困難在哪裡。

吳老師：把你的提問和回答做整理，這對你會很有意思。

學習軌跡

越深入探索與案主的合作關係，越有機會回頭檢視自己的治療哲思。究竟治療師如何引導「治療歷程」？認知上，我們很清楚治療不是單向的教育，不是一股腦兒說出對問題的評估和怎麼解決問題就好了。直接說出我們的理解，就像站在案主的對面清算他的不是，案主會感覺不被理解、距離遙遠；甚至當我們認定問題有癥結點、有正解時，言談間摻入了「誰有問題」、「誰的責任較大」等責任歸屬，會讓案主感覺治療師離某些家庭成員較近，而被疏遠的一方必然有受傷及憤怒的反應，合作關係進入不安全、不穩定的狀態。**我們都知道不應該判斷、究責，但不一定做得到，反而直接反映出治療師怎麼看人。治療就像鏡子，照出了案主，也照出我們自己。**

是故，我們必然會有學員 A 的提問：當治療師的評估與案主認定的問題有出入（通常會如此），該「如何引導」才不會造成單向教育灌輸，而能展現吳老師一再強調的「有人味」的接觸與引導？吳老師並未直接回答這個問題，而是強調要從做中學。我們認同治療師的認知理解不是「聽了就會」，必須勇敢投入治療，時時覺察自己有哪些隱含的信念、引導方式和成效如何。帶著這樣的準備進入實務工作，我們發現與案主核對時變得更加尊重和好奇，自然不急於「給予」、「傳授」什麼，而是更想「了解」、「學習」案主的人生。在如此氛圍中，案主比較願意讓治療師明白他們的思考方式，接受治療師的評估和解決方法，也比較放心地依靠治療師的專業知識。雖然理想上是如此，與案主關係的轉變每個當下都會發生，許多時候要面對與案主的看法不同，內心的焦慮會悄悄冒泡；當然也有努力靠近案主卻無功而返的時候，引導變得相當生硬。治療師要覺察每個當下和案主的距離，常自我提醒並核對是否確實在「做中學」，還是「行為」與「知能」完全分家，避免一意孤行，不知變通。

儘管吳老師並未直接回應「如何引導」，但是透過放慢速度與案父同步、展現接納和不評價的態度等示範，直接讓我們見習「引導的歷程」。當治療師確實以案主理解的可親方式「接觸」到對方，才能靠近及引導案主。如何讓案主感覺被理解和可親近？吳老師以對人的思考來定義治療中的「問題」，認為家庭問題來自人與人之間的差異，有問題不代表誰對誰錯，而是人本能地想要用「要求對方變得和自己一樣」來解決歧異，出現無法親近、誤解或不能表達需求的狀況。吳老師介入的終極目標是協助案主「了解彼此的不同、接受差異」，我們認為這也適用於案主與治療師，雙方各有文化背景、思維和經驗，看待家庭的角度及問題不盡相同。當治療師努力了解並接受差異的原因，案主感覺到治療師的好奇、溫暖與接納，得以放心地靠近治療師，分享治療師的眼光。

反思過去的工作習慣，發現與案主的相對位置比想像中遙遠時，想要盡快發展出能使案主順服接受的治療計畫。也許是害怕治療失敗、最終證明自己的能力不足以助人，總是執著於理想中的治療面貌，先處理自己的恐懼與焦慮，忽略了「再評估」及「貼近」案主的重要性。當我們越專注於自己的需要及恐懼，越忽略了眼前的「人」實際的感受和彼此的關係，其實不是案主拒絕與我們合作，而是我們先拒絕了案主。治療中的引導變得事倍功半，像是說教、說服，雙方經驗到挫折後，反而真的朝最恐懼的無效能方向前進。

仔細探索治療師的引導如何發揮療效的歷程，必須同時在三方面自我精進：（1）評估並形成治療方向的監控能力；（2）理解與不評價的胸懷；（3）貼近與接觸案主的實踐，三者缺一不可，互相影響。評估並形成治療方向是臨床助人工作者很熟悉的歷程，後兩項的精進除了督導的提醒與自我反思，更重要的是品味與周遭每個「人」互動的經驗，包含自己的抗拒與親近。理解自己的選擇和期待、照顧好自己之後，自然有餘裕接納另一個人的需求。以前常覺得貼近另一個人需要很大的勇氣，後來才知道很多時候是已經在自己的需求中耗竭，覺得自己太過脆弱，不敢接近對方。治療師接近另一個人當然需要勇氣，越是能嘗試反映自己的理解，直接表達關懷（例如相較於請案主慢慢來、盡量表達，不妨直接放慢說話速度，核對案主的理解是否與自己一致），越能夠經驗到與另一個人安全、自在地同行，這些經驗能夠回饋治療師，讓內在餘裕與胸懷有所擴張和成長。

治療師與案主相對位置的變化，也是互相影響的動態過程。當我們一步步貼近案主、逐漸累積信任，案主會主動靠近我們，最終可以一起學習和互相了解。治療師有心理學知識及治療經驗，案主有人生經驗與智慧，互相理解、接納差異後，能夠更有效地表達真心。對我們而言，治療關係中的引導不再只是傳遞知識與告知治療目標，而是有意識地進入案主的世界與其同行，彼此交流、理解和協助的歷程。

五｜進入家庭的鑰匙

要先搞清楚案家背後的動力，否則後面進行下去會阻力重重。——吳就君

前情提要

提案人學員 A 表示案主因性議題被舉發通報，治療師事先得到案主及其父母的同意進行親子會談，發現案主常成為父母談話時的炮灰，要怎麼協助？

吳老師：（對學員 A）當你講到孩子變成炮灰，我會思考「孩子為什麼變成炮灰？」當然你可能會說爸爸這樣、媽媽那樣，但我想到你是跟這對父母談過話、溝通好了才進來（家庭會談），除了他們原有的溝通模式之外，我還是非常關心最初開案的原因。今天這個孩子發生了事情，由家中的伯父告發，案父當著全家族的面受到教訓，會覺得「我的孩子這麼丟臉！」我認為他的爸爸、媽媽也有創傷，你有沒有先處理他們的創傷？這是我的第一個敏感度，你有這樣的想法嗎？

學員 A：沒有。

吳老師：如果沒有的話，他們就正好在你邀請會談的時候，宣洩他們創傷裡面的焦慮、生氣和憤怒。你

要說明、指導的那些話很難產生效果，孩子自然成為他們的炮灰，「你那麼丟我的臉！」如果父母這樣的心態能先得到你的了解，整個治療過程會不會不一樣？

學員 A：老師，我說明一下我對評估架構第一點（案家做家庭晤談的來由）的看法。案家來家庭晤談是我邀請的，我覺得他們家有溝通問題，所以請他們來。

吳老師：好，你看到的溝通問題是什麼？我想我要接受你的評估，但我一直在問案家的來由，你這樣簡要報告，可是我非常注重我發問的地方：「他們怎麼變成你的案主？」你認為父母這樣對應案主的溝通有問題，背後可能有什麼家庭動力或暗流嗎？你覺得為什麼？

學員 A：因為他們覺得這件事讓他們丟臉。

吳老師：對呀，我聽到這個通報的來由是因為孩子的伯父去舉發，而這個案父在家族裡的處境是什麼？以及家族之間兄弟的競爭藉由孩子的行為展現出來，在他們變成你的案家之前，這些東西可能都是家族關係底下的暗流，是我評估案家來做家庭晤談的來由時會放進去思考的，不是如你所說這樣公式化的內容，你沒有先處理家族裡的東西啊！

學員 B：老師，妳說的先處理是說不要放在親子會談，還是可以放在親子會談處理？

吳老師：因為你進行親子會談之前已經個別跟爸媽談過，那個時候要先處理。

學員 A：老師的意思是，我進行親子會談之前就要先處理父母的創傷了？

吳老師：這個開頭就要做。這也是為何評估架構的前三題都放在對方成為我們的案家之前的狀態，就是因為要先搞清楚案家背後的動力，否則後面進行下去會阻力重重。

學員 A：這個我沒有想到。

吳老師：沒關係，你搞清楚了（治療的）路徑要怎麼走，這樣不是很有意思、很有價值嗎？

學員 C：老師，我試著進入妳的思考架構，妳是因為聽到學員 A 說孩子是炮灰，所以立刻知道爸爸、媽媽是有憤怒的？

吳老師：不是，我是倒過來講的。我通常接案的時候就會想到這個家庭跟夫妻，我上面講的是為了要說服學員 A。

學員 C：了解，所以老師的意思是一接到案子，妳評估後就會考慮先處理夫妻，這樣處理之後，後面的走向可能就會不同。

吳老師：是的，過程就會不一樣。

學習軌跡

合作關係的開展始於正式會談前。一個家庭如何帶著問題，輾轉來到治療師面前的歷程含有豐富的訊息，治療師可以從中尋找進入家庭的鑰匙，細細篩檢評估架構、形成假設與介入的心理地圖，這部分的準備是治療師接觸案家的基本功，也是合作關係的基石。

當一個家庭關注孩子的問題行為，一般的介入手法可能是確認親子關係或父母教養議題，治療聚焦於家庭結構或界線主題。然而在華無式家族治療中，吳老師一直強調評估架構的重要性，尤其是前三大主題：

1. 案家晤談的來由與期待是什麼？
2. 案家各自認為的問題是什麼？
3. 案家認為與問題相關的因素是什麼？

上述三個主題是入門時看似簡單，評估時特別容易忽略的問題。根據我們的體會，家庭在見到治療師之前，舊有的運作模式，不論是家庭規條、生存姿態、期待或反應，都已維持特有的平衡。當現狀因危機需要改變時，對系統內的成員產生高度壓力，可能引發防衛。剛學習時，不論看同儕督導或老師示範，總是為治療師的角色披上家庭問題拯救者的天使光環，忽略了治療師不存在系統中，怎能真切地理解案家的困境？如果一個外來的治療師要被系統內的人接納，初次見到案家時就要展現一致性的溝通，能與每位成員連結、接觸，肯定每個人的自我價值，關心他們經歷過的苦。若是太快進入問題解決模式，系統容易出現防衛，就如案例中的父母，如果將焦點放在孩子的性議題，忽略了父母在通報前的個人冰山、夫妻互動、對改變的期待，治療師可能會被系統的動力「驅逐」而缺乏效能感。

上述觀點說來簡單，何以我們容易忽略呢？反思學習過程中，我們大多接觸非自願或未成年案主，久而久之忽略了案主（案家）的期待，但是跟隨吳老師學習，每次提案、督導都需要回應前兩項主題，逐漸發現將這兩個主題放在與案家工作之前，一來可協助我們檢視家庭的暗流，避免直接落入問題解決，其次是案主（案家）進入治療歷程時，內在常感覺力量微弱或處於失控狀態，提醒我們要先與案家每位成員連結，肯定家庭系統願意讓治療師加入。曾經聽一位夥伴描述，要在家庭互動循環中找到適合加入的時機，就像跳繩要有速度感，而且是很有人味地伺機而入。當案家成員覺得被治療師了解，知道治療師可以幫助自己，自然更有動機投入治療。

家族治療師要具備系統思維，案家主述的議題常像是煙霧彈，掩蓋了家中原有不良的運作模式，治療師容易落入幫孩子喊冤發聲，或是替父母處理孩子問題的角色，像是球員兼裁判，又像審判官或拯救者，實在不是平衡的合作關係。吳老師時時提醒我們要以貼近家庭的人性眼光，理解他們來到治療師面前的來由，不僅重視孩子的問題，也要留意案父母的需要。當治療師以這樣的思維工作，才能注意到案父母面對親子互動議題之前需要先療傷止痛，在安全的治療情境逐步引導他們宣洩情緒，對治療產生信任及希望感，才能使家庭成員為了改變而勇敢起來。

六｜治療地圖與合作關係

治療要有地圖，這個地圖可以即時修正且具有彈性，案主感受到治療師有治療地圖，也會參與、修正和支持這份治療地圖，整個治療就上路了。——吳就君

前情提要

提案人學員 A 提出一對夫妻案例，妻子對先生外遇有強烈的憤怒，提案人看出夫妻的負向循環，但害怕面對妻子高漲的情緒而裹足不前。團督時，由兩位學員扮演案主，吳老師擔任治療師，以下對話為演練結束後的回饋與討論。

吳老師：我們先來個角色分享，扮演先生和太太的人有沒有什麼體會？其次，對現場的大家，你觀看時覺得對你有意思的地方是什麼？

學員 A：我剛剛扮演先生的角色，感受到我在關係中很需要被對方看重。被看重的意思是被另一半關懷，這是很隱微的經驗，我們在婚姻中都想知道對另一半有沒有影響力，認定自己是沒有問題的。這樣的感受對身為一個男性很重要。有了這樣的狀態，自然就會與伴侶關係很親近，想要知道伴侶的感覺是「我在你眼中，我是很好的」。在治療

中，要承認婚姻有問題是很困難的。

吳老師：你的角色分享很傳神。

學員 A：在扮演先生的過程中，我可以感受到老師的介入與其他夥伴擔任治療師的介入不同。我覺得老師擔任治療師的過程可以安撫另一半的情緒，而我扮演先生的時候，自然會感受到有支持，就變得比較勇敢，也比較有能量去承認自己在感覺些什麼。

吳老師：你說你感覺到在治療情境中有安全感，因為這個治療師可以接近你的太太，而扮演先生的你會感受到有安定感。

學員 A：對，剛剛很重要的經驗是我的太太可以得到安撫，而我有機會被諒解。

吳老師：**治療會起作用的兩大因素是「關係」和「過程」，夫妻治療歷程會如何變化，常常都是夫妻對你這個治療師的感覺和過程有關係，這是很真實的反應。**

學員 A：對於退縮的男性而言，當身為治療師的我讓案主知道可以往哪裡走，案主就可以再多參與一點。

吳老師：你的意思是如果你是案主，會感受到治療師的治療地圖，當你也參與修正和支持這份治療地圖，自然會願意往那裡走，你的角色分享是很好的回饋。治療要有地圖，這個地圖可以即時修正且具有彈性，案主感受到治療師有治療地圖，也會參與、修正和支持這份治療地圖，整個治療就上路了。一方面練習評估架構的題目綱要，一方面建構自己當下的治療地圖，這很難清楚言喻，需要對全相治療歷程有感受。

學員 B：老師，妳的示範和指導中，治療師要有自信、與人真實接觸、建立治療關係，治療師對案家是否有假設和看法？

吳老師：**我鼓勵治療師在治療歷程一方面接觸案主這個人，另一方面要有評估的思維。你接收案主的訊息，然後自己內在反應什麼，運用你的評估與案主做澄清、核對、了解、接納。Satir 稱為 use yourself，你要經常去使用這部分。遇到能量低、十分不安或混亂的案主，一方面能夠感受、同步，另一方面做評估，適時給予對方肯定或賦能。治療師的速度要跟他們配合，建立安全的關係，讓案主知道我將會怎麼樣與他們工作，我想了解他們的問題、需求和期待，這就是治療師的自信。第二點，有了這份了解，進一步建構治療地圖，你初步要為他做什麼，在相互合作過程中發展治療歷程。**

學員 B：治療的方針與評估有關，但有方針跟有自信之間是否還有一些什麼東西？

學員 C：我想要加進來一些，剛剛的示範有一個過程，我意識到和學習到的是，我有一個評估，在這個治療架構中，我需要拿出我的主體性。

吳老師：你繼續說下去。

學員 C：有時候這是我的特質，我的主體太模糊、沒有跟案主平等或是比較前面時，這一段治療架構就鬆鬆的。可是，即使我有一個方針，我的主體也要出來，可以讓治療架構比較穩定。

吳老師：**如果從案主方面來感覺「關係」，治療師有「人味」的主體性出來了，最重要的就是「人味」，人味會給案主安全感，也安定案主的心。治療師這個人清楚地出現時，案主坐在那裡的時候會覺得治療師跟我一樣，有一種平等性和真實性。**

學習軌跡

合作關係中，治療師與案主彼此之間要對治療關係有所知覺，治療師的責任是發展治療地圖。吳老師將治療師和案主的合作關係類比為夥伴關係，彼此有權利義務，不是權威關係或照顧關係。治療師的責任是發展治療地圖，不斷與案主核對、澄清、修正，測量與案主的互動是否有合作、參與和反應，確認案主是否願意投入治療關係，這就是有權利義務的默契。

身為家族治療師，發展治療地圖是非常重要的學習任務。這是治療師以評估架構為鷹架，逐步發展治療目標和處遇步驟的過程。吳老師發展出評估家庭系統的架構，常在「種樹工作坊」帶領學員向案家發問、澄清及蒐集資訊，進而統整出對案主的評估，評估架構包含六大主題：

1. 案家晤談的來由與期待是什麼？
2. 案家各自認為的問題是什麼？
3. 案家認為問題相關的因素是什麼？
4. 治療師認為他們主要的問題是什麼？放在伴侶／婚姻關係或家庭系統脈絡的相關因素為何？
5. 治療師認為他們可能有什麼資源？
6. 治療師的治療計畫和步驟

從事實務工作多年後，剛開始跟著吳老師用上述架構學習評估家庭系統，感到非常困惑，尤其是第一個主題。長期以來似乎從未真正關注過案主為何要來治療？實務上，案主分為被轉介或自願前來，若是前者，治療師很少詢問治療期待，常見的情況是案主一來就急著建立關係，依照轉介者的期待進行諮商。在這個隱晦的過程中，治療師慢慢承擔起治療成效、家庭困境的責任，治療變得相當沉重；若案主是自願前來，經常從案主的抱怨或問題著手，也忽略了詢問對治療有何期待。

主題二、三是很有意思的提問。案主或案家對自己的問題多少有所琢磨，看待問題的眼光可以為治療帶來「家庭視野」。案主與治療師的視框往往差異很大，治療師要學習區辨其中差異，先從當事人的視框出發，再逐步接近治療師的視框，這就是逐步引導當事人的能力。談到此，當專業人員高談闊論案家的問題時，常常是將治療師的視框等同於當事人的視框，看不到當事人的角度與心理狀態，當事人距離治療師越來越遠，最後可能離開治療。

主題四「治療師認為他們主要的問題是什麼？放在伴侶／婚姻關係或家庭系統脈絡的相關因素為何？」可以從理論學習及相關家族治療工作坊努力精進。主題五「治療師認為他們可能有什麼資源？」也非常有意思，很多理論強調正向和例外，華無式則強調「看整體」。有了整體觀，自然看到資源和家庭的美，這部分在第一章有更完整的描述。主題六「治療師的治療計畫和步驟」就是治療師對案家的治療地圖。

當治療師發展出治療地圖，案主有責任與權利決定是否支持。治療師向案主說明評估架構也是很需要學習的實務技巧。治療初期或治療目標進入新階段時，都需要跟案主確認、澄清與核對治療期待，整合對案主的了解和資訊，統整出前進的目標，並以案主能了解的語言確認，形成治療關係的默契。常見的說明方式如：「剛才我聽妳談從結婚開始就覺得跟先生相處一直很痛苦，但是妳仍然很愛他，希望藉由治療來了解和先生相處到底發生了什麼事。妳願意持續在婚姻中努力，我也會帶著妳從你們相識開始，了解你們相處的困難在哪裡，妳覺得這樣的方向如何？」我們非常鼓勵讀者發展屬於自己風格的表達方式。

有時候，這段過程需要一些討論時間，花些心力說明治療目標相當值得。當案主同意治療地圖，知道治療師懂得他的感受、需要和期望，是處於有方向、有信心的狀態，就會有安全感，願意一起努力投入。當治療進展到這個狀態，可以說治療師和案主的治療關係已經上路了。

Chapter 5

良接良發

石麗如、陳姝蓉

一｜諮商室裡的華爾茲

觸發人成長，最有可能的途徑是從「過程」，而不是從「內容」。如何把焦點從內容／問題解決，轉向促動改變的過程。

在夫妻和家庭層次來說，可以將問題焦點轉移到互動過程；對個人層次來說，可以將問題轉到個人的內在心理過程。——吳就君，《沙灘上的療癒者》

第一次聽吳老師提起「良接良發」的概念，想像它是一種能夠好好接收案主訊息，又能好好發話的「話術」（註 1），好似學習諮商技巧，是「聽懂與回應案主」的方法。這確實是「良接良發」的部分內涵，卻不足以反映其全貌。我們的體會是，當治療師在治療歷程發揮「良接良發」的影響力，就像與案主一起跳著流暢的華爾茲，除了需要緊緊跟隨案主的步伐前進或後退，也運用自身的參與引導舞步的方向；治療師無法獨自完成良接良發的歷程，必須與案主合作才能跳出優雅的舞姿。

與團督夥伴們一起學習的過程中，我們從不同角度理

註 1：「良接良發」可視為一種話術，牽涉到實際執行層面，因而書寫方式不同於其他章節，會以分段解析、圖解與對照方式，幫助讀者理解概念與實際操作的對應，以及實務的運用與轉折。

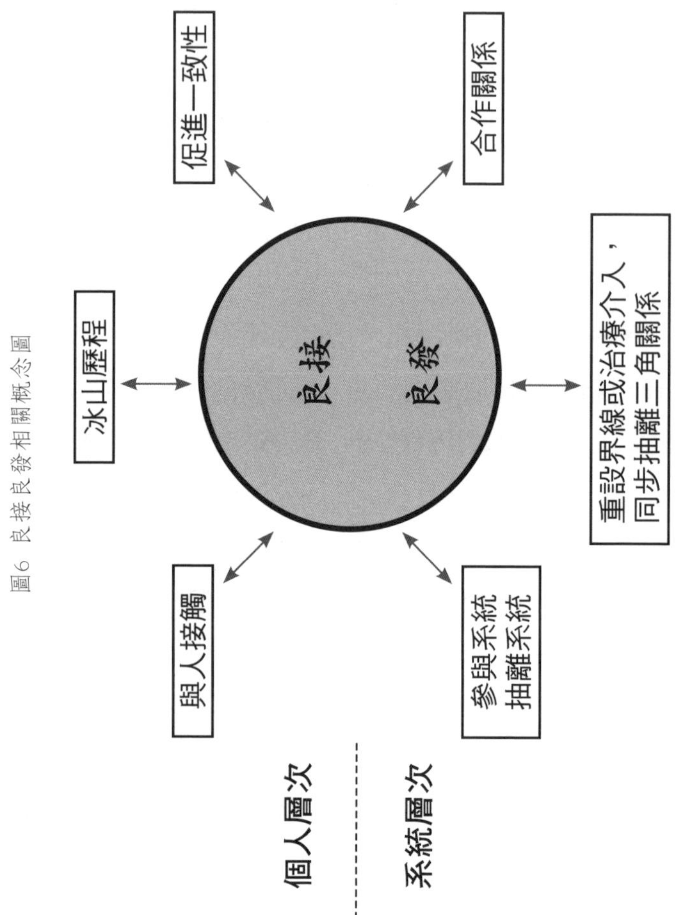

圖6 良接良發相關概念圖

解並歸納「良接良發」的概念，如圖 6 所示。先從整體來看，良接良發的互動層面包含個人層次與系統層次，互動層面是指溝通過程能良接良發，會影響個人層次與系統層次；反之，良接良發的狀態也會受到個人層次與系統層次的動力影響。這裡所說的個人層次包含前面章節提到的「與人接觸」、「促進一致性」及接觸個人內在的「冰山歷程」；系統層次則聚焦於家庭系統本身及治療師與家庭系統的互動，包含治療師如何促進家庭成員「參與系統」、治療師介入過程如何「重設界線或打破三角關係」，以及治療師融入／抽離家庭系統，建立「合作關係」。在個人層次與系統層次之間有一虛線，意在說明運用「良接良發」的過程中，個人經驗與家庭系統之間其實有所區隔，但又相互影響。以下逐一說明「良接良發」與各個概念的關聯性，前面章節提及的內容則不贅述。

人際關係的基本單位是兩人關係。當「良接良發」在個人層次做為一種話術的學習時，顧名思義，就是兩個人在溝通過程能夠好好地「接收」和「發話」。「良接良發」並非單向的表達，而是互動循環的結果，亦即溝通中的雙方輪流擔任接收者和發話者，如圖 7 所示。

假設圖 7 的 A 代表治療師，B 代表案主。以 A、B（大寫）呈現時，代表各自傳達的口語、非口語訊息與行動，以 a、b（小寫）呈現時，則代表各自內在系統透過外在互動刺激後的經驗與變化。

當 A 發出一個訊息給 B，B 透過五官感受接收後，訊

圖7 良接良發的溝通循環圖

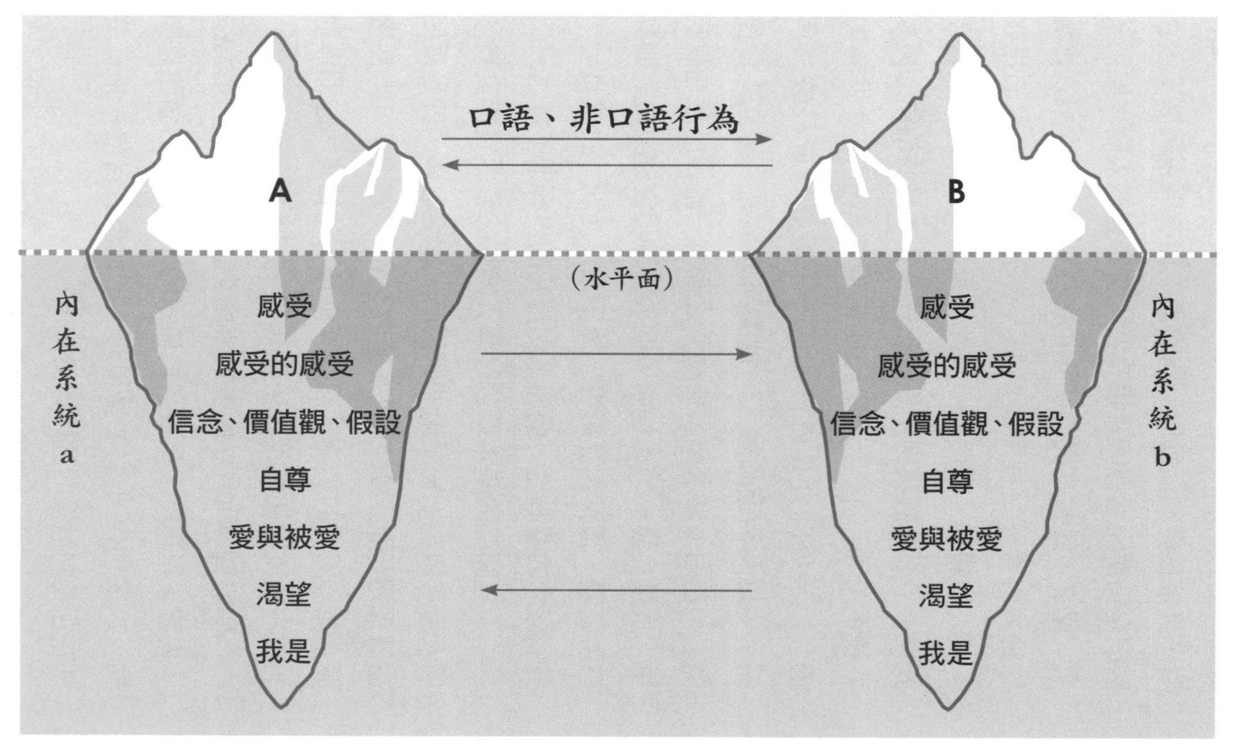

息會進入內在系統 b，使其產生某種或某幾種特定感受，並透過深層的渴望、信念、價值觀等加以解讀。解讀與感受會影響內在系統 b 決定如何回應 A，於是產生下一個訊息 B，如此重複來回互動，內在系統的各層次也會持續交互作用。

治療情境中，初學者較常關注自己 A 與案主 B 的表面互動，在表達的內容層次上進行討論，而忽略了自己的 a 與對方的 b 在訊息刺激下所產生的複雜反應，所以溝通時會有隔靴搔癢的感覺，好像在對話，卻感受不到被理解、接觸或有所連結。

從治療師與案主的個人層次來看 A 與 B 對話，表面看來兩個人期待透過互動能清楚表達與接收，實際上，在表達與接收訊息的同時，治療師需要努力接觸案主的內在系統 b，感受、理解其經驗並進行催化，讓案主 B 意識到自身的內在系統 b，浮現並整合之後，使 B 透過口語表達出來。這個內在系統與意識的連結就是展現人的一致性，因此治療師在促進案主 B 與 b 一致性的同時，覺察、意識與整合自身 A 與 a 的一致性變得格外重要。上述過程是治療師自我訓練的過程，更重要的是，治療師必須理解「與人接觸」不僅是處理看得到的行為及語言，面對案主看不到的（水平面下的）內在狀態，也需要有能力接觸與溝通。

我（姝蓉）曾經與一位剛喪父的案主談話，她不斷數落家人沒有盡力照顧父親，一開始我採取同理的方式持續反映：「妳真的很氣家人都不照顧父親。」她仍然停留在憤怒狀態，無法緩和下來。接受吳老師督導時，老師提醒我同理案主的時候，也要檢視自己的內在正在想些什麼。我回顧一開始的同理源自照顧他人的慣性，包含自己在家族中總是扮演情緒照顧者的角色（a），面對案主排山倒海的憤怒情緒，難以招架之下，會習慣性地使用同理方式（A）來照顧和緩和她的情緒。此外，也可能投射了治療師對家人的抱怨（a），而非案主真實的狀態與需求。當治療師能抽離並放下自己的慣性，重新接觸案主時，才能有更清明的心，感受到在案主憤怒底下（B）還有一份不捨（b），覺得家人不看重父親，而這個感受也包含了自覺不被家人看重。有了這樣接觸後的理解，我的回應則有所不同：「感覺父親不被看重，就像自己一直為家庭付出，沒有得到應有的回報。」

當治療師未釐清內在的狀態，很容易把自己的感受（a）投射出去，以為是案主的感受（b）。唯有清楚自己的內在狀態（a），才能分辨與案主的差異，進一步真實地接觸案主，理解對方的感受（b）。內在系統的變化是圖 7 橫線下方的各個層次，即薩提爾所說的個人內在冰山。透過探索個人內在冰山，可以慢慢理解每次表達背後隱藏了什麼樣的情緒、想法、價值觀與信念。可以說，兩個人互動時能良接良發，必定會觸及「個人內在冰山」、「與人接觸」、「促進一致性」等三個相關概念（見圖 6）。

面對家庭時，除了個人層次的互動，理解及參與整個系統（註 2）也很重要。以下討論假設 A' 代表治療師，B'

代表整體家庭系統，以 A’、B’（大寫）呈現時，代表治療師和家庭系統表面的互動，以 a’、b’（小寫）呈現時，則代表治療師和家庭系統內在蘊含的潛在動力。

在圖 6 的虛線下方，主要想呈現良接良發如何影響系統層次的三個議題——合作關係、促進系統參與及設立界線，而這三個議題也會影響良接良發的溝通。治療師與家庭展開治療歷程，必須先形成合作關係，當治療師能夠良接良發，互動時較容易正確接收案主（案家）的訊息，產生貼近其經驗的理解，此時對案主（案家）的支持油然而生，使得案主（案家）也願意冒險，一起投入治療過程，強化合作關係。

至於治療師促進系統參與及設立界線要下功夫的地方是，看見並理解 b’ 如何運作，試著透過家庭成員的互動，反映出系統中隱而不宣的內在動力 b’。當每個家庭成員都看見 b’，潛藏的議題漸次浮上檯面，成為整個家庭系統 B’ 可以討論的議題。議題的浮現有助於家庭成員真實面對彼此，透過良接良發的對話與討論重新連結關係，使系統可以活化，成員間的情感能夠自由流動，而非卡在無法接觸彼此的動力中。

舉個例子，前面提到剛喪父的案主不知如何處理情

註 2：此處所指的系統，沿用一般家庭治療概念中提到的家庭系統（涵納全部家庭成員）、夫妻次系統、親子次系統、手足次系統等。

緒，會將情緒發洩在孩子身上，親子會談總是一再指責孩子不盡本分，讓自己更煩躁。我一開始也停留在系統表面的議題（B'），例如詢問案主親子爭吵的事情：「妳在意孩子什麼地方沒做好？」即使提出了改善方案，案主又會有新的抱怨，顯示我當時並未真實接觸到親子互動的內涵（b'）。我重新檢視自己的想法，自認了解案家的期待之後，就擔負起提供意見、協助解決問題的角色（a'），反映出我向來習慣回應他人期待，想得到他人肯定的內在狀態。有了這個發現，我不再努力為案主解決問題，而是進一步好奇她話中的含意，回應也有所不同：「妳的意思是希望孩子能看懂妳的需求、照顧妳的情緒嗎？」（b'）當案主也同意此假設，治療師可更進一步介入系統，回應案主：「妳好像希望孩子能為妳的情緒負責。」以此介入案主與孩子親子系統的界線融合、系統迫使孩子站在情緒伴侶的位置，以表格對照方式呈現如下，讀者可以嘗試代入自己與案主（案家）的對話，反思經由重新檢視自己的內在狀態 a（或 a'），是否對案主（案家）有不同的理解或發話。

表 1　治療師接觸案主前後的發話差異：個人層次

案主發話		家人都不照顧父親
治療師反映表面內容		妳真的很氣家人不照顧父親

治療師反思自己發話的狀態、核對評估架構和假設，是否足夠貼近案主		
治療師嘗試接觸案主內在冰山的歷程	感受	憤怒
	感受背後的感受	捨不得父親和自己
	信念、價值觀	認為家人不看重父親和自己
治療師接觸後的發話	反映案主的感受	感覺父親不被看重，就像自己一直為家庭付出，沒有得到應有的回報。

表 2　治療師接觸案家前後的發話差異：系統層次

案主發話		孩子都沒有做好本分，讓自己更煩躁
治療師反映表面內容		妳在意孩子什麼地方沒做好？
治療師需反思自己發話的狀態、核對評估架構和假設，是否足夠貼近案家系統		
治療師嘗試接觸案主內在冰山的歷程（聚焦關係層面）	感受	煩躁
	感受背後的感受	挫敗
	期待與渴望	妳的意思是希望孩子能看懂妳的需求、照顧妳的情緒嗎？
治療師接觸後的發話	反映案主的信念	妳好像希望孩子能為妳的情緒負責

學習軌跡

在我（姝蓉）初學的經驗中，認為良接良發訓練是話術的精進：運用精準的語句接住案主的感受和想法，接著回應並促進案主內在歷程的運作和覺察，總以為需要背一些吳老師或資深治療師們令人讚嘆的經典例句。

隨著學習的堆疊，逐漸體會到要能產生良接良發的句子，必須先有治療師的評估，亦即運用本身的哲學觀、對生命及當事人的理解所產生的內在系統（a），在每個接觸當事人的當下形成「良接」，進而架構出「良發」，推進當事人探索內在經驗（b），或促進家庭成員彼此理解和對話（系統 b'）。若治療師想精進話術能力，要學習的並非聽到案家爭執的「內容」，而是「聽懂」真實的經驗與感受，「看懂」爭執背後家庭系統的動力變化。

我最深刻的體會是：貼近案主看似一種專業學習，實則是個人的自我修練。每次接觸案主產生的感受，都要真實地與內在核對：這是我（治療師）的感受，還是案主的感受？每次表達之前，都要思考：這是我的需求，還是案主的需求？上述例子中，可以看見我兩次停留在表面的討論內容，受到內在狀態的干擾，無法更深入理解案主本身或案家親子間的經驗與感受。接觸不到案主，發話自然偏離案主的脈絡；即使當下未覺察，事後透過督導和同儕討論，提升了自我內在狀態的整理，知道自己當下的反應從何而來，才能有意識地練習停止慣性，逐步貼近案主（案家）的需求。一旦治療師能真實體會案家的經驗，心到自然口到，說出來的話就能貼近案主，產生共鳴。

練習良接良發是基礎，具有不同的層次；是核心，卻又隱含在每個互動片刻中。接下來的章節將詳細解析「良接良發」的不同面向。

二｜治療師運用自我引導過程

我每次都要先問治療師的感受、想法是什麼，……治療師要根據這些做評估和介入的策略，才能形成良接良發。——吳就君

前情提要

一對夫妻晤談了幾次，總是各說各話，提案人學員 A 想要促進夫妻直接溝通而提出督導。以下是督導歷程的演練，呈現吳老師協助學員 A 良接良發，以及示範促進夫妻溝通的話術。

學員 A：今天這個機會想要討論什麼，對你們來說是有興趣的？

妻子：他是有些不一樣。

學員 A：怎麼說呢？

妻子：我不知道怎麼講，可能是有多關心我一點點。

學員 A：心儀的意思是，這段時間妳發現韋德有些不一樣？

妻子：可能有。

學員 A：韋德知道心儀有這些感受嗎？

丈夫：不知道，但我的確是有調整一些我們互動的方式。

學員 A：當你剛剛聽到心儀有這種感受時，你聽起來感覺如何？

丈夫：輕鬆一點。

學員A：怎麼說呢？

丈夫：我覺得沒有那麼累，好像不用一直給她建議。

學員A：剛剛我聽見心儀有這個發現的時候，韋德是不知道這個感受的，妳跟他說過嗎？

妻子：我沒有跟他講過。我很需要他的時候，他還是經常給我很多的建議。

此時吳老師介入，詢問學員A是否注意到夫妻彼此逃避，沒有接觸和互動？舉例說明如何催化他們發生連結：

（對妻子）心儀，把妳剛剛講的話直接告訴先生，好嗎？

（對丈夫）韋德剛剛講的好有意思，你看著太太，把剛剛講的跟太太分享。

吳老師：心儀，妳把剛剛講的話直接告訴先生，好嗎？

妻子：早上有一些爭吵的時候，他會比較聽我說話。

吳老師：妳要眼睛看著他，跟他說說看。（強化妻子直接對丈夫說話）

妻子：（對丈夫）你有聽我說話。

吳老師：對，你有聽我說，講得好！（肯定和鼓勵妻子，然後轉向丈夫）韋德，你剛才聽到心儀說你有改變，聽完她說的，你感覺如何？

丈夫：那個好像是她要的。（對妻子）所以妳是希望我多聽妳說嗎？

妻子：不然呢？我不是經常希望你聽我說嗎？

丈夫：我覺得聽起來不太像。

妻子：什麼意思啊？

丈夫：我覺得妳希望我給妳建議和答案，希望有人告訴妳該怎麼面對工作的問題。

妻子：那是你的想法，不是我的原意。

（丈夫看著吳老師）

吳老師：韋德，你看著我，你聽到心儀這樣的想法，有什麼更進一步的感受嗎？

丈夫：（嘆氣）我覺得蠻煩的。

吳老師：是煩什麼？你可以跟心儀在這邊討論嗎？

丈夫：（對妻子）我覺得妳好像從來沒有告訴過我，只是希望我聽妳說。

妻子：每次跟你講我工作的事情，都希望你聽我說啊！

（丈夫嘆氣）

吳老師：韋德，這一段我聽到你嘆了兩次氣，讓我了解這個嘆氣是什麼，好嗎？

丈夫：好像都是我的錯。（對妻子）妳講出來的感覺好像是希望我給妳一些意見，以前也是這樣。只是我不知道妳其實不喜歡我給意見，我不清楚，也不知道妳這個想法。

（吳老師和學員 A 對話）

吳老師：此時你聽到韋德這樣表達，你的感受是什麼？OS 是什麼？

學員 A：他有些挫敗、沮喪。

吳老師：這是你對他的了解。我要再問的是你的感受，那是治療師可以怎麼引導案主很重要的線索。

學員 A：我感覺到韋德信心低落。

吳老師：韋德的表現切合你的假設和評估，這時候你可以對他說：「韋德，你講得很清楚、講得很好。」藉此鼓勵他發言，不需要再摘錄或重述韋德的話來支持他。很多治療師常有這個現象，重述案主的話是多餘的，直接肯定、鼓勵韋德說得很清楚就好。如果治療師在這裡可以運用對韋德的感受，治療師的個人自我出來，這是全人的、有人味的。治療師的 personal self 和 professional self 是很靈活的結合，不是只有 professional self 很嚴肅、很認真的樣貌，personal self 也可以很活潑地出來。

（回到治療演練）

吳老師：（對丈夫）韋德，你這一番話說得很清楚。

（丈夫身體坐直，變得輕鬆）

吳老師：（對妻子）心儀，妳剛剛聽韋德說完，安靜下來，妳有什麼想法嗎？

妻子：不知道要說什麼。

吳老師：（以溫柔堅定的語氣挑戰妻子的回應）妳的意思是說妳聽不懂先生說的嗎？

妻子：我聽得懂！

吳老師：那麼妳剛剛說不知道要講什麼是怎麼了？

（吳老師提出看法）

吳老師：我常看到治療師這個時候會以同理的方式回應、支持妻子，但有時候同理回應會削弱治療師的角色，在治療過程需要激化適當的焦慮：在這個階段夫妻溝通的焦慮，以及此時此刻歷程的焦慮。治療師需要練習激化且能穩穩地面對，這是大家學習的目標。例如妻子剛剛回應「聽得懂」是斬釘截鐵、有力量的，所以學員 A 可以用輕鬆的語氣回應妻子：「我等妳講！」

（回到演練歷程）

學員 A：我等妳說。

妻子：我不知道要講什麼。

學員 A：（再邀請）我等妳說一說。

妻子：他都這樣講，我不知道要講什麼。

（吳老師提示學員 A）

吳老師：如果妻子還沒準備好，兩次都回應不知道要講什麼，就碰觸妻子的冰山，引導她了解自己的感受。

學員 A：心儀，妳不知道要講什麼，那妳現在感覺如何？

妻子：我覺得當我表達需求的時候，他聽起來都認為我在怪他，可是我沒有那個意思啊！

（吳老師與學員 A 對話）

吳老師：現在你的感受與評估是什麼？

學員 A：他們的溝通讓我很困惑，韋德怪自己的錯，心儀覺得不能繼續講自己的需求，兩個人好像在溝通上斷裂。

吳老師：這時候對他們說的保持好奇，才能逐步引導。

學員 A：心儀，剛才韋德講了什麼，讓妳想到這部分？

妻子：就是他覺得很煩。我覺得講了自己想要被傾聽，我得到想要的，這樣很好。雖然他給我的建議有時候滿好的，但有時候我只是需要情感的支持，他覺得很煩，我就不曉得我能不能要了？

（吳老師與學員 A 對話）

吳老師：你對心儀這段話的感受如何？

學員 A：我感覺心儀小心翼翼，而且這番話是對我說的。

吳老師：對，那麼接下來就邀請他們直接溝通。

（以下由吳老師示範與夫妻會談）

吳老師：（對妻子）妳要不要對先生直接說？

妻子：他就在這邊，我對妳說，他都聽到了！

吳老師：是的（確認她講得對），妳對著我說，眼睛看著我，如果妳眼睛看著先生，溝通的效果是不同的。

妻子：那我對著他說，我不知道他會不會又覺得很煩？

吳老師：會（肯定她的感受），我可以陪著妳。（靠近妻子，給予支持）

（吳老師與學員 A 對話）

吳老師：丈夫說自己的錯，覺得煩躁；妻子說自己不能表達需求，妻子講的跟丈夫的表達有連結嗎？

學員 A：還沒有。

吳老師：對。韋德說的和心儀說的這兩部分一進來，我會邀請心儀想不想了解韋德的煩躁是什麼，增加丈夫、妻子間的連結。我每次都要先問治療師的感受、想法是什麼，因為這些東西是治療師最大的資產。治療師要根據這些做評估和介入的策略，才能形成良接良發。

學習軌跡

吳老師在《沙灘上的療癒者》談及：「治療師要能檢核自己、接觸自己的情緒，運用自己對當事人的感受和想法，才能清醒地加入案家過程，引導過程。」幾年前看到這段文字覺得很有哲理，但不了解如何運用自己的感受和想法來引導治療過程。

吳老師在這次督導過程中一再問學員 A：「你對案主

說這段話的感受如何？」強調治療師聽了案主的話，必須來來回回探問自己：

案主的話使我產生什麼感覺？對案主形成什麼看法、了解？產生什麼評估？

這些問題提醒筆者（麗如）聽到案主的表達，不是掃描案主的狀態，只摘述內容或從內容分析案主的情緒和想法，而是聽到案主所說、看到案主所表現的之後，要將掃描器轉向自己，檢核「我」的感受、想法和了解。

吳老師在示範中以淺白的話術貼近案主，促進夫妻彼此面對面溝通，讓我驚訝的是話術的關鍵來自治療師檢核自我和運用自我。**筆者曾經問吳老師，治療師如何精進運用自我的功夫？吳老師給我的答案是：接觸自己，發展出人、我、情境的中心點，內在許多經驗和評估自然就會出來，可以更靈活地運用自我。**（請讀者參閱第二、三章）。學習過程中，對筆者最難的就是運用自我，反思何以如此？生命經驗中不能犯錯和小心縝密的個性，使得在晤談當下不敢確定評估是否精準、沒有把握形成治療地圖時，怕說錯而遲遲不敢提出看法和感受，尤其是面對家庭成員衝突的高壓氣氛下更是如此。筆者學習運用：「我發現先生好幾次說到自己的感受，妳會認為他在責怪妳，是嗎？」這種說話方式，輔以多次觀察及核對技巧來修通小心翼翼運用自我的困難。

除了「接觸自我」的鍛鍊，「形成評估」也是引導過程很重要的學習。在治療歷程要形成對案主的評估，必須呈現一種動態的治療關係，亦即治療師能參與案主的內在經驗世界，也能同步檢核自己的感受和想法。**吳老師曾說良接良發是一個過程，不是內容；過程中有案主的內在動力、治療師的內在動力，以及治療師加入案主（家）產生的交互動力。**

1. 接觸案主時，就是進入案主的經驗世界，案主所感、所想、所認為的，就是案主的內在動力。
2. 接觸自己時，治療師明白自己的感覺、想法、信念、觀點，就是治療師的內在動力。

兩者產生的交互動力，可以形成引導的過程。

筆者初學時，對於案主的內在動力及關注內容，一直習慣以個別晤談方式多次同理和支持妻子的做法。如果與案主（家）的治療關係位置能往後退，看到的全相就不同，包括妻子的狀態對丈夫的影響，這個現象又如何影響妻子溝通的決定和行動。轉換了這個觀點，筆者常自我訓練從案主的內在世界抽離出來，自問自答：「我的看法是什麼？從哪個線索讓我有這個看法？這個看法對案主的影響是什麼？」運用這些提問練習垂直思考，提升評估能力。

最後，筆者簡要統整治療師需要自我發展的能力，如圖 8 所示。治療師的成長、人生態度、對家庭的看法和治

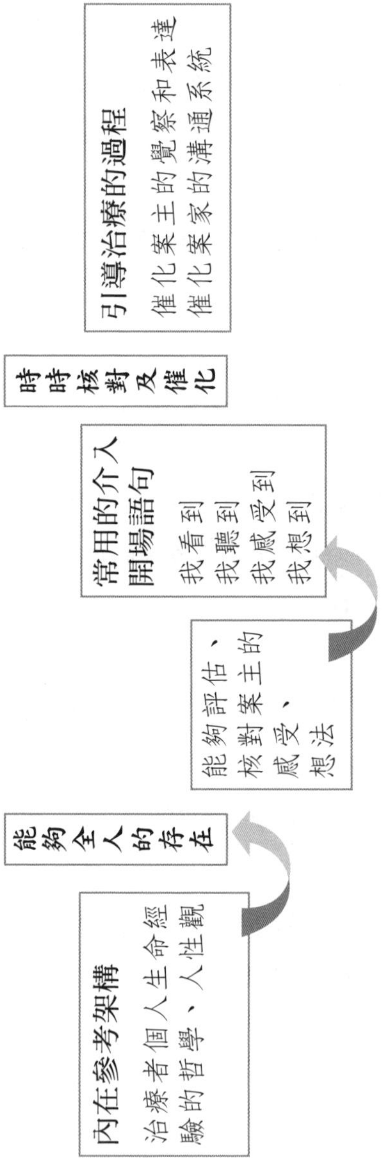

圖8 治療師要自我發展的能力

內在參考架構
治療者個人生命經驗的哲學、人性觀

能夠全人的存在

能夠評估、核對案主的感受、想法

常用的介入開場語句
我看到
我聽到
我感受到
我想到

時時核對及催化

引導治療的過程
催化案主的覺察和表達
催化案家的溝通系統

療哲學觀是內在系統，而在晤談當下能夠全人的同在，評估、核對案主的感受和想法，使用我看到、我聽到、我感受到、我想到的介入開場語句引導過程，時時核對並催化案主（家）的覺察和表達，就能引導治療的過程。

三｜開啟「溝通」的路徑

治療的介入是促進案家透過治療師來學習有效溝通，不是解決問題。……如果他們學會一來一往的有效溝通，他們對問題解決的成果就會出來。——吳就君

前情摘要

一對夫妻有新的生涯規劃，打算搬回夫家並共同創業。妻子面對生活變動，感到焦慮、不知所措，晤談時很順應先生，先生面對妻子的焦慮則習慣理性分析。學員 A 難以促進雙方溝通而提出督導。

學員 A：我舉一個晤談中的例子來說明我的困難。

妻子：（問先生）以後你希望我跟你一起開店，我要接受你安排嗎？

先生：好啊！

妻子：可是不久後我需要一邊照顧孩子……

先生：如果無法兼顧，我們可以請保母，讓妳輕鬆一點。妳可以負責店內管理，我負責外面業務。

妻子：我目前可以先不用調整工作，我用下班後的

時間先適應看看。

先生：這樣妳很難全心投入。

吳老師：先生仍然希望妻子要來店裡幫忙。

學員A：對。

吳老師：妻子沒有排斥開店，但害怕失去自己原先的工作。

學員A：對。

吳老師：妻子沒有排斥到店裡，也沒有要放棄工作，在這兩個選擇之間，她還沒有真正做決定。她講話的方式是她的生存模式，討好的人很難在兩、三個已發生的衝突選項中做選擇和決定。以你先前的看法，妻子的溝通是順應的，確實如此。我還是想了解你提案的困境是什麼？

學員A：我設定的目標是幫忙他們，讓先生聽懂妻子的焦慮，但是覺得在歷程中很難讓他們彼此了解。

吳老師：從你的報告，我的診斷是他們溝通系統的模式不同，不能滿足彼此。你對這幾句話的理解是什麼？如果有了解，治療的介入是促進他們透過治療師來學習有效溝通，不是解決問題，治療師不參與「讓他們有共識」這部分。如果他們學會一來一往的有效溝通，他們對問題解決的成果就會出來。

學員 A：老師，介入溝通的意思是什麼？

吳老師：要重新建立這對伴侶的溝通，讓他們在這裡學習有效交換資訊，滿足彼此，治療要著力在這裡，而不是怎麼解決事情。透過治療師的刺激溝通，讓他們自己解決而不是你幫他們解決事情。

學員 A：老師，介入溝通的話術要怎麼說？

吳老師：你曾報告先生說明規劃後，妻子表達：「我今天才知道先生真的有在規劃，這樣讓我安心。」這一段你怎麼回應？

學員 A：我用「以前沒有說過嗎？」來釐清。妻子回答：「有說，但沒有這麼清楚。」我就問：「今天不同的在哪裡？」

（第一個演練片段：學員 B 扮演妻子，學員 C 扮演先生）

學員 B：我今天才知道先生有在規劃，覺得比較安心。

吳老師：為什麼現在才知道？（對學員 C）你已經那麼有頭緒在思考，怎麼沒有跟妻子說？

學員 C：其實我都有講過。

吳老師：都有講過啊？

學員 B：以前有說一點點，但沒有那麼清楚。

吳老師：有說過，但你覺得不清楚。（對學員 B）那妳怎麼不問得更清楚？（刺激和促進兩人各自的溝通模式）

（回到督導討論）

學員A：老師，我沒有回到溝通模式。

吳老師：你回到哪裡？

學員A：事件的內容。

吳老師：我的介入是我的基本假設要做促進溝通，你看懂了一個討好、一個理智，但你沒有進入，這樣的看法進入治療裡是什麼？

學員A：我的診斷還是在內容嗎？

吳老師：我的了解是你有溝通的評估，但回到舊有模式。看了而不會用，是回到解決問題，就是舊有模式。

（第二個演練片段：對於一個人有意願來諮商、另一個人卻不想來的溝通介入）

吳老師：（問妻子）今天妳覺得想在諮商裡做什麼？

學員B：我對未來的改變有很多擔心和焦慮，不知道該怎麼決定。

吳老師：這些焦慮有跟先生討論嗎？

學員B：他都知道。

吳老師：（問先生）你知道的是什麼？（在溝通層面開始核對妻子知道什麼、不知道什麼）

學員C：她在擔心是否跟家人住，是否辭掉工作。

吳老師：溝通過程這樣演變下來，我不必確認一個想來、一個不想來的點。跟剛剛連起來，先生說明後，妻子說我第一次聽到，就進入互動模式的促進。

（第三個演練片段）

學員B：以後你希望我跟你一起開店，我要接受你安排嗎？

學員C：好啊！

學員B：可是不久後我需要一邊照顧孩子……

吳老師：妳的意思是不是妳很不願意失去原來的工作，但也沒有排斥想做媽媽和老闆娘準備的願望？

學員B：對。

吳老師：喔，妳想想現在面臨的處境，妳有可能三者都要嗎？先別問先生，妳自己去想有可能嗎？可能的方法是什麼？試試這個想法再跟先生講。

學習軌跡

吳老師曾說：「催化互動過程要比追問內容更有影響力。內容指的是事件發生的事實（what），催化過程則是觀察和了解事件發生時，隱藏的互動模式如何影響事件的發生（how）。」上述督導過程衝擊筆者（麗如）最大的是，介入溝通模式的話術和處理內容的差異。

曾經有段時日，筆者一直認為促進溝通就是詢問案家發生了什麼事？彼此的看法是什麼？透過發問幫助案主把隱藏的訊息說得更清楚，讓對方了解。殊不知這依然是在詢問內容，而沒有催化溝通的過程。回想開始接家庭、親子個案，新手階段的我協助處理關係衝突的努力方向在於增加彼此了解，減緩關係的緊繃感，而忽略了隱藏的互動模式，此刻體會到那個階段的我擔任緩衝墊而非催化劑的角色。但什麼是催化？要如何做到呢？筆者詢問吳老師，她說：「要教案主釣魚，而不是幫案主釣魚。」這句話從投入助人工作以來幾乎像口號一樣熟悉，卻不知如何落實，是我不知道該教釣魚？還是我也不懂得如何釣魚？亦或釣魚給案主比較能彰顯效能感，這些都曾是筆者遇到的困難。

有一回和吳老師對談，吳老師提及家族治療師學習觀察家庭／伴侶互動的眼光，到了治療情境，就是運用這種眼光來「催化過程」的開始。比如家庭氣氛影響溝通，那麼就介入處理氣氛；如果無法清楚聚焦，就在治療歷程一起練習澄清、核對。以上述案例來說，夫妻溝通時彼此資訊的清晰度和聚焦度都很模糊，何以如此？妻子一向扮演符合他人期待的乖順角色，很少說清楚自己的需要；而先生負責的性格習慣解決問題，經常自行規劃、承擔而沒有告訴妻子，或是跟妻子溝通時，一心想要解決問題而忽略了聆聽妻子的感受和需求。筆者回溯吳老師的介入，用「妳／你跟先生／妻子說」加強夫妻對話而非各自表述；以「妳怎麼不問得更清楚？」強化妻子表達感受和需求，同時訓練先生有機會聽懂。

筆者想起與一對情侶諮商的經驗，女方對雙方差異自有看法，但表示有彈性，並非一定要堅持立場不可。筆者再促進女方簡短表達感受及需求，男方說女友說話總是很迂迴，他聽得很累。女方回應：「我們交往這麼久，要坦誠說真話很難。我怕直接說會讓男友生氣。」原先這對伴侶溝通總是小心翼翼、虛假地隱藏需求，當女方在治療情境有所覺察，筆者支持並鼓勵她：「妳擔心直說男友會生氣，試著確認看看」、「可以跟男友說妳的需要是什麼嗎？」兩人一來一往表達和核對，跳脫討論事件的內容，形成溝通的良接良發。

良接良發是從內容層次轉而聚焦於過程的學習。筆者初期焦慮缺乏治療效能，又背負替案家解決問題的責任，因而習慣內容層次的問話。吳老師鼓勵筆者多運用「人文氣象報告」、「我訊息」練習接觸自己的焦慮；接案時，尋求督導來加強治療眼光、治療地圖的建構。這些練功也呼應筆者曾經面臨的困境，不知道是否該教釣魚（學習形成治療地圖）、不懂得垂釣方法（練習引導過程的良接良發），以及擔心沒有釣魚給案主的效能感（促進治療師一致性的自我發展），進而在各個面向都有令人欣喜的突破。

四｜修復斷裂的家庭系統

「家庭系統斷裂」使得這個有濃烈愛的家庭一起談事情的時候，情感流動會受到阻礙，治療介入首先要活化和修復系統。——吳就君

前情提要

這是一個隔代教養家庭，家庭成員有阿公、阿嬤、孫子阿德、阿宗和孫女小婷。案主阿宗希望家人可以好好說話，不要爭吵，透過治療師安排家庭會談。案兄阿德因生涯變動常被阿公責難，在家裡和會談時都很沉默，投入度不高。

吳老師：阿宗，之前你為家人排過一個雕塑，今天我想再邀請你排一排。在這個空間，每個家人的位置和姿勢，由你來當導演。

阿宗：阿公和阿嬤就站在現在的位置，兩人互相指著對方。妹妹站在那裡，哥哥隨便找一個座位坐下來。

吳老師：要坐椅子還是地上？

阿宗：都可以。（然後搬了張椅子到哥哥身旁。哥哥沉默地坐下，翹起二郎腿）

吳老師：那你自己在哪個位置？

圖9 阿宗雕塑的家庭關係圖

阿宗：我會站在兩個老的中間當和事佬，他們爭執時我會看一下，也不會多說什麼。有時候是用多一點的關愛看妹妹。妹妹的表情就是這樣，頭再仰一點。

吳老師：不看阿公、阿嬤爭執。

阿宗：她誰都不看，誰都不理。

吳老師：阿公、阿嬤互相指責的姿勢如何？手勢要很直嗎？還是其他的樣子？

阿宗：要很直的。

吳老師：阿宗，我請○○替代你站在這裡，你來外面，我

圖10 阿宗移動位置，表達和妹妹的關係

們來欣賞一下你的創作。

吳老師：你剛剛提到有時候用關愛的眼神看妹妹，關愛的距離和位置，你更動一下。

阿宗：會往前走到妹妹的方向，但要有個距離，妹妹有時不喜歡，會反彈。

吳老師：你再退出來看一下，這樣有沒有你在家裡的感覺？

阿宗：有。

吳老師：那麼我想加入一點，先從阿德開始。（走向阿德，搭著阿德的肩膀）這是阿宗看到的家庭關係圖像。現在你在這個位置，對自己感覺如何？

阿德：嗯……

吳老師：你的心跳如何？

阿德：（聲音微小）就很平穩。

吳老師：很平穩。你接受這樣的一個位置？

阿德：對啊。

吳老師：也很像你自己在家的樣子,你在家採取這個位置？

（阿德點頭）

吳老師：看著家人也關心家人，心中最想跟哪個家人講話？講一句話？

阿德：嗯……好像沒有。

吳老師：（再邀請）一句話，想跟誰說或是想靠近誰，有時候不是每次，想靠近的是誰？

阿德：（沉默地摸摸頭）嗯……

吳老師：你有些顧慮，不敢說還是不想說？

阿德：就……

吳老師：你怕說了對他有不好的事嗎？或是怕破壞你們的關係？

阿德：呵呵。

吳老師：以你現在這個距離看家人，你會往誰看？

（阿德用左手指著右前方的阿公）

吳老師：現在就是這個時刻，你願不願意靠近阿公那邊，對他講一句話，你願不願意靠近一點？

阿德：（起身離開座位，往阿公的方向走，看著阿公）不用擔心我。

（阿公也看著阿德）

吳老師：（靠近阿公）阿公，你擔心什麼？

阿公：擔心的地方很多。

吳老師：擔心阿德什麼？

阿公：擔心一切。

吳老師：一切很籠統，再說清楚一點。

阿公：擔心他的衝動。

吳老師：你看著他跟他說：「我很擔心你。」（一邊看著阿公，一邊指著阿德，同時連結兩人）

阿公：我擔心你做事情很衝動，不經過大腦。

吳老師：你看他哪件事很衝動，不經過大腦？以現在發生的，過去的不要談。

阿公：放棄學業這件事。（阿德身體開始往左邊偏轉，沒有看阿公）

吳老師：喔，你對他這件事認為他衝動，不經過大腦。這是張先生你自己的看法，現在來了解看看阿德是不是像你講的。你是一個人，他也是一個人，這想法是你的。（語速很慢，溫柔地反映給阿公）

阿公：一般人都是往高處爬，放棄學業去打工沒有往上爬。

吳老師：放棄學業去打工沒有往上爬，使你感覺什麼？

阿公：太可惜了，都大四了！

吳老師：所以是你感覺可惜，尤其是大四中途放棄，張先生自己感覺可惜。這個我看起來是張先生你人生

走到今天，看事情、想事情有你過去的經驗，現在看到一個孫子的前途可以從大四這樣往下走，是嗎？（語速慢，溫柔地反映給阿公）

阿公：不是。妳想，可以大學畢業以後再去工作，最起碼正職待遇好，何必現在要放棄！

吳老師：我問你，你年輕有過這種衝動嗎？

阿公：我有。

吳老師：所以生命裡也經歷過年少輕狂，有喔！我們老的時候常常想到。在你的生命經驗有這樣的心情、有這樣的眼光看年輕孩子，把這個心情說給阿德聽的時候，但是阿德是另一個人，他正是年少，他正在練習他自己的想法，在走自己的路。我想讓你知道，你說的東西，有你的生命故事、生命經驗、生命心得，但是阿德他有自己的人生。這個地方我想跟你講這麼多，就是要分開來講。這邊你聽起來覺得如何？

（吳老師時而看著阿公，談到阿德就轉向阿德，站在他們中間偏後方的位置，同時接觸兩人）

阿公：可以啊！

吳老師：很重要的是，你有你的人生和生命故事，你有你覺得什麼是好的，但對阿德來說，他在學習走人生的道路，所以你一直說「你衝動，不經大腦」，那些話是你的東西。我們來聽聽他怎麼講。

吳老師：（走到阿德身旁）阿德，阿公這一句話對你不陌生，對嗎？你再說一句回應阿公。

阿德：不知道說什麼好。

吳老師：不知道說什麼好。（對阿公）阿公，你靠近他一點，看著他。我現在講話，你如果接受就對著他這樣講。（看著阿德）我知道你有你的想法，我有我自己的生命經驗。我因為有這樣的生命經驗，所以才會對你一直講。如果你有自己的想法的話，我也支持你照你的方法走。（問阿公）這句話聽起來你可以接受嗎？

阿公：可以。

吳老師：好。這個話對阿德說。

阿公：我支持你的決定，但我也對你有點不捨。因為你的衝動（阿德往後退，移開視線），陳老師跟我說，讓你去跌跌撞撞。

吳老師：不、不，這時候你對阿德說話就不提陳老師。對阿德說，你可能會跌跌撞撞。

阿公：你可能會跌跌撞撞，跌跌撞撞可能會找出一個頭緒來，但是我怕到最後還是跌跌撞撞怎麼辦？

吳老師：你不是祝福你孫子，而是擔心。

阿公：（對阿德）我知道這對你是個壓力，也安慰自己說放心啦、OK 啦！讓自己內心軟化。你爸跟我說讓你有自主性，不能一天到晚靠我們，我們有一天會走，你怎麼辦？怎麼訓練你的自主性？

吳老師：我聽起來覺得張先生你心裡頭覺得老了，還是蠻擔心的。

阿公：對，我擔心太多。

吳老師：嗯，擔心太多。

阿公：我發現自己擔心太多，應該要放心。

吳老師：是，這個擔心太多的時候，阿德聽了之後……

阿公：會給他壓力。（阿公趨前握住阿德的手，說：對不起啦！）

吳老師：阿德，你聽很多阿公的擔心喔！

阿德：對。

阿公：（繼續握著阿德的手）對不起啦！

吳老師：你這樣很動人！你知道的，我可以了解這是你一生走到今天六十多歲，當然有這樣的東西，然而

圖11 吳老師介入處理阿公和阿德的互動系統

這種東西排不掉的話，很容易對家裡的孩子們……

阿公：造成壓力。

吳老師：是，造成壓力。

阿公：對，我也慢慢感覺到是這樣。

吳老師：是的，好，有這個感覺很好。說到這裡，我也慢慢要去看看阿嬤那裡。（轉到其他家庭成員和系統的接觸與介入）

學習軌跡

吳老師上課時經常強調，家庭動力的敏銳度和評估是家族治療師的基礎訓練。家人在一起氛圍如何？關係如何？溝通清楚嗎？有沒有隱藏的動力？是家庭晤談過程觀察和感受的重點，可善加運用促進家庭系統動力的變化。

上述案例中，當案主阿宗用雕塑呈現家人互動的圖像，阿公和阿嬤兩人系統的互動；阿宗和阿公、阿嬤代間的互動；阿宗和妹妹手足系統的互動清晰可見，而案兄阿德在系統中有個特別的位置是「旁觀者」，呈現出他和家庭的關係。吳老師對這個現象提出說明：「家庭系統斷裂」使得這個有濃烈愛的家庭一起談事情的時候，情感流動會受到阻礙。筆者（麗如）回溯這個案例，如何觀察家庭動力和隱藏的暗流？從案家成員進入會談室的表情、語言和非語言的投入程度、位置的選擇、開啟話題的人、全家在一起的氣氛等，早已在雕塑前清楚呈現。哥哥阿德步伐緩慢地走進會談室，讓筆者感受到他的無奈；成員入坐時，阿公和阿宗一邊，阿嬷和小婷一邊，這些蛛絲馬跡道出家人願意在一起，但潛藏著暗流，都是觀察家庭動力的重要線索。

記得吳老師提及，與人工作的接觸並非從見面那一刻才開始。筆者有個印象深刻的經驗，一對夫妻對繼親角色感到困擾而來會談，開啟話題時，妻子談到繼親角色的教養衝突、孩子對自己（繼母）的挑戰，筆者觀察到她神情灰心，夫妻關注焦點都在親職角色，於是想更進一步認識太太，問起如何進入這段婚姻，她立刻潸然淚下，說她對婚姻的期待早已拋到九霄雲外，「感覺今天是先生帶著我來接受公審的。」哇！當時心中大吃一驚，家庭動力果然是每天生活的日常，不是在會談室才發生的。若忽略了這個現象，治療很容易變得無效。筆者發現這對負責的夫妻，妻子擔心他人評價自己未扮演好繼母角色，先生心疼孩子喪親，更想當個好爸爸，家庭生活以親職角色為主軸而少了夫妻角色。筆者介入夫妻系統的連結，詢問：「先生了解妳今天來的心情嗎？妳跟他說說看」、「先生，你想知道太太的心情嗎？你問問看。」雙方的溝通從探究對錯的斷裂狀態，回到夫妻兩人的互動層次，達到活化夫妻系統連結的目標。

治療介入要活化和修復系統。如何介入家庭中的這些系統？從哪裡開始？吳老師曾說治療師要持續自我練習和參與團體訓練以增加敏感度，清楚知道在哪個層次介入？為何要介入？如何介入？吳老師指出，介入的層面可以區分為：

- 個人內在心理互動過程
- 兩人間的互動過程
- 三人間的互動過程
- 系統層次的互動過程

吳老師修復阿公和阿德的互動系統，是分別在內在心理互動層次接觸他們，了解他們的感受和觀點，例如鼓勵阿德：「想跟誰說或是想靠近誰？」、「你怕說了對他有不好的事嗎？或是怕破壞你們的關係？」接著引導兩人的互動，例如：「你對他（指阿德）這件事認為他衝動，不經過大腦。這是張先生你自己的看法，現在來了解看看阿德是不是像你講的。」、「（邀請阿德）你願不願意靠近阿公那邊，對他講一句話，你願不願意靠近一點？」鼓勵阿德直接跟阿公對話，即使他對這些引導回應不多，但是一來一往間，阿德的需求可以被確認，阿公的擔心也被承接，兩人自尊提升，衝突導致的關係冰冷可以在對話中被加溫。從修復阿公和阿德的兩人系統開始，後續的治療目標要走向阿嬤，修復另一個兩人和三人的互動關係。筆者亦發現在促進修復的過程中，除了話術外，吳老師運用許多鼓勵、手勢、身體接觸和肯定的眼神鼓勵阿德，也透過位置的移動讓祖孫更靠近，增加面對面溝通，這些非語言技巧都是治療過程的良接良發。

五｜維持治療師與系統的界線

治療師要微妙地維持 IN 和 OUT 之間的進出。IN 是投入，OUT 是抽離，時時要有後設認知的眼光綜觀全局。

前情提要

32 歲的兒子打零工，較依賴 60 歲的父親，面對新工作容易焦慮，對自己無法持續工作表達挫折；父親希望多照顧兒子，但也有生氣、煩躁、無奈的心情。提案人學員 A 與父子會談後覺得難以抽離家庭系統，試圖透過角色扮演練習如何退出系統，以下為對話摘錄。

（提案人學員 A 扮演治療師 A，學員 C 扮演父親，學員 D 扮演兒子）

治療師 A：（對兒子）爸爸說，他要求你把生意收起來。

兒子：他說收，我就收啊！

治療師 A：你自己的感覺呢？

兒子：我知道爸爸花了很多錢，但我就是不知道要怎麼做才好，覺得對不起他。

治療師 A：這個部分你有對爸爸說嗎？

兒子：我覺得講了也沒用。

治療師 A：可以轉過去對爸爸說，你覺得有點對不起的心情嗎？

兒子：（繼續對著治療師）我就是對不起啊！

治療師 A：好像對你來說有點困難？

兒子：我就是個沒有用的人，什麼事都做不好。

治療師 A：（轉向爸爸）爸爸，你看到兒子對你的抱歉，可是他好像很難對你講出他心裡的話。

父親：我也沒辦法啊！

治療師 A：你有聽到他剛剛說，他覺得他這樣讓你失望，覺得很抱歉。

父親：（對兒子）你要振作啊！（轉過來對治療師）老師，你不要這樣同理他，你要督促他。（對兒子）你要振作啊！這樣一直下去不行，沒有辦法養活自己。

治療師 A：所以你很擔心。

吳老師：（問治療師 A）你想要做什麼？我看到你一直在父子之間穿針引線，好像進入父子系統，成為傳聲筒或代言人，沒有抽離系統，讓父子自行對話。

治療師 A：我想要告訴他們，我不能一直夾在你們父子之間傳話。

吳老師：我看到是你自己主動要做，一共大約反覆十次，發動者都是你，所以我就不明白你要做什麼？

治療師 A：我知道我在他們之間傳話是不對的，可是我不知道不這樣做的話要怎麼做？

圖12 治療師誤成為父子之間傳聲筒的互動現象

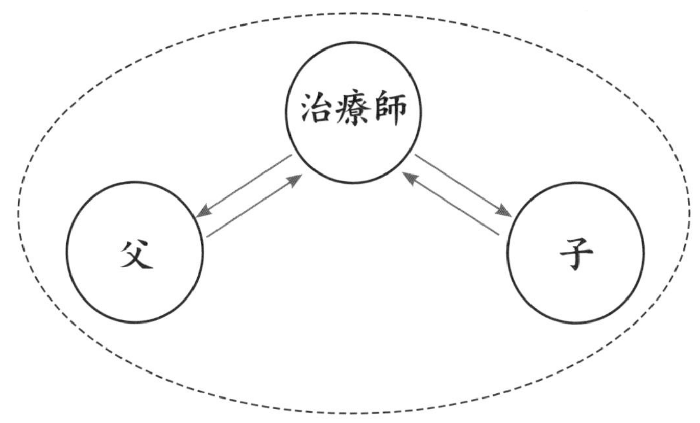

為了練習，此次團督由多人扮演治療師的角色，其中學員 B 練習扮演治療師 B，然後吳老師做了一段示範治療，再請扮演父、子的學員分享面對不同治療師（學員A、學員 B 與吳老師）介入時的感受差異。

（吳老師示範，與扮演父、子的學員對話）

吳老師：今天我要有個不太一樣的做法，你們兩個要自己討論，我在旁邊聽。

父親：老師，他（指兒子）開始做生意了，可是沒辦法持續。

吳老師：等一下，你們調整一下位置，面對面。今天我要有點不一樣。（對兒子）自己挪過來，椅子相對，眼睛能夠看得到爸爸。很久以來，我知道爸爸挫折，兒子也是，兩邊都挫折。你們談一談發生的事情。

父親：（看著吳老師）我花了〇〇萬叫他去做生意，但他做不了幾天，不要啊！

吳老師：（站起來走到父親後面，問父親）對面是誰？

父親：（仍然轉頭對著身後的吳老師）我兒子啊，〇〇萬ㄟ，老師，妳看……

吳老師：請你朝著兒子，看著兒子說。

父親：（轉過頭對兒子）〇〇萬ㄟ，我錢投進去了，但你卻持續不了行動。怎麼不去啊？你自己都不去啊！

兒子：（低頭，聲音很小）我就是沒有用啊！

父親：（轉頭對吳老師）老師，妳看他啦！

吳老師：你回頭來對我說，你感受到什麼？

父親：（搖頭）〇〇萬就這樣花掉了。

吳老師：（再次退到父親後面）看著兒子，對兒子講。

父親：〇〇萬給你做生意，你說要什麼就給你欸。

（兒子低頭，幾乎聽不見聲音）

吳老師：（走到兒子身後）眼睛抬起來，對爸爸再講一次。（確認）你眼睛看哪裡？看著爸爸。

父親：說啊，老師叫你說就說啊！

吳老師：（對兒子）眼睛抬起來。

父親：（台語）你三十幾歲了，還養不活自己，這樣好嗎？（再次轉頭看老師）老師，妳看他啦！

吳老師：（對兒子）〇〇，當父親講這些話的時候，不是新話，很久以來常常講的。

兒子：對，長久以來就是這樣。

父親：那你要振作啊，要努力一點啊，要獨立啊！你這樣子，我都要退休了欸，三十幾歲了，薪水還養不活自己。

吳老師：（對父親）我覺得有時候你對兒子可能是心疼，有時候你對兒子感到同情，有時候很氣，很複雜的心情。

父親：（對兒子）你就趕快啊！

吳老師：（對父親）ㄟ，我剛剛給你講你的心情，很複雜對不對？

父親：不知道啦！

吳老師：不知道是什麼？

父親：也希望他趕快獨立啊！

吳老師：所以很急啊！

父親：嘿啊，三十幾歲，薪水不到兩萬塊欸！

吳老師：我想這個應該大家都知道，兒子也知道。倒是你的心情，剛剛那個心情，練習試試看跟他說。

父親：哪一個心情啊？

吳老師：那個很複雜的，因為我剛剛聽到有凶的聲音，有柔和的聲音，又有厭煩的聲音，背後都是你的心情，爸爸的心情，我非常支持，讓兒子能夠知道你的心情。

父親：你就趕快，不要住在家裡了，搬出去！

兒子：我不想自己住啊！

父親：你就搬出去，自己去找房子啊！

吳老師：好，停在這裡。（對團督學員說）我的發動有幾次喔，可是我整個都在進行他們（的對話），進行的都不是很理想，可是沒有關係，我就是要他們這樣動來動去，然後慢慢地指引、導向，像剛剛你們講過的，父親的立場，可以講些什麼話；父子之間的親密，可以了解的是什麼？父親的心情、責任、義務，做兒子的心情、責任、義務，盡量往這個方向去交流。我都是要進行他們兩個，我像小丑一樣都可以，有時候給你溫暖一下，有時候又給你「ㄟ」，膽子要大一點，我都會來一點，都是要做這種（交流）。（問角色扮演者）兩位經驗也不同，兩位會生我的氣嗎？

學員C：我比較會對治療師B生氣，因為我覺得三個人（治療師A、治療師B和吳老師）中，治療師A馬上會讓我覺得有縫可以鑽（指可以不依指令表達），跟治療師B講話時，感覺他的語氣和表情好像很不耐煩，比如制止我表達：「爸爸，等一下。」扮演爸爸的我會對治療師產生敵意，覺得好像我做錯很多事。

吳老師：（對學員B）我是覺得你和父親出現權力的角力，可能你沒有感覺喔？

學員B：老師，我覺得如果我再下去就可能會有。

學員 C：老師，我覺得妳的狀態跟學員 A 有點像，語氣會讓我舒服，但不太一樣的是，我覺得老師這邊沒有縫可以鑽，我嘗試幾次要鑽，但是鑽不過去，只好回來（面對扮演兒子的學員 D）。

吳老師：不管我變得多麼低下、多麼小丑，治療師的權力握在我這裡。（問學員 D）你的感覺呢？三個人？

學員 D：面對治療師 A 的感覺，他在的時候，我很輕鬆，因為覺得他一直在保護我，害怕我受傷，我不用做什麼事，只要繼續維持就好。治療師 B 在的時候，我看他和爸爸爭執一些事情，要爸爸動，而且坐在我旁邊，我一樣感覺受保護。我看到爸爸有些不一樣的舉動，那時我敢抬頭，看看爸爸發生了什麼事情，但仍然覺得不用動。可是老師上來的時候，居然站到爸爸那邊去，我那時候壓力超大的，而且非常焦慮，為什麼是站在爸爸那邊？我很不習慣這個狀態，很驚慌。

吳老師：我會站在爸爸那邊相當久，我的用意就是要把這個父子的關係健全化，賦權給爸爸，因為你是中年人了，我有蓄意這麼做。可是那個壓力要壓到多少，我自己也會調節，做個參考。

學習軌跡

治療師與系統維持界線的目的是催化家庭系統自身的互動，讓家庭成員之間能夠良接良發、直接對話與相互理解。本文擷取的案例想要分享，初學家族治療的人很容易為了促進治療效能而過度介入系統。

治療師認為理想的家庭治療是什麼樣貌？期待家庭溝通順暢，是否可能成為對這種想像的陷阱？面對家庭時，對話不斷，而非沉默與等待的尷尬，似乎看起來更像有效能的治療，但這對案家有何幫助？

家族治療的初學者為了促進溝通，經常像治療師 A 一樣，進入系統，夾在父子之間，但系統的互動模式（即父子僵化的關係）並沒有因治療師的介入而鬆動，治療師反而變成父子間的傳聲筒（見圖 12）。

我（姝蓉）思考治療師當時的選擇，似乎對父子間的沉默感到焦慮，需要快速解除尷尬，對案家有所交代。從角色回饋中得知，父子都感受到只要治療師繼續扮演橋樑的角色，自己不用改變也能聽到對方的想法。父親感覺有人幫自己代言，兒子覺得被保護，亦即治療師的介入僅解除本身的焦慮，卻強化了系統固著的互動，關係的改善只是治療師扮演潤滑劑的效果。父子兩人都沒有透過治療過程，看見自己在關係中對彼此的影響力，以及需要負責的部分。

省思自己的學習過程，為了成為有效能的治療師，一開始合作關係的建立，確實需要治療師有較高的主動性，卻容易將促進溝通、表達理解、把治療師放入系統中這三件事混為一談，亦即忽略了家族治療的目的是幫助家庭系統自發性地運作，鬆動僵化的互動模式，表達與接收的溝通可以自在流動。以第一段對話為例，當治療師一直擔任傳聲筒，父子沒有機會透過治療探索適合的溝通模式，使得父子不知道如何在沒有治療師的情境下表達、傾聽，產生良接良發的互動經驗。

治療師 A 對退出系統的重要性有所覺察時，另一個困難是不知道如何退出系統，亦即不了解該如何做，才能既不介入系統，又能促進系統溝通。更深一層探究，其實是對於什麼叫做介入系統模糊不清。治療師未建立清楚的系統觀，不清楚什麼行動是「介入系統」，什麼行動則不是。

所謂介入系統是針對家庭成員間的關係做介入，包括回饋他們彼此的互動模式、關係的樣貌、情緒的狀態等。透過治療師的感受、回饋，刺激家庭系統自發地省思、覺察或表達以增進彼此理解，以吳老師與這對父子互動的段落，來說明治療師介入系統時可能產生的三人互動（見圖 13）。

治療初期，吳老師看到父親不想與兒子互動的現象，先單獨接觸父親、兒子，理解各自的經驗，此為圖 13「三人互動的介入與引導圖」中治療師↔父親、治療師↔兒子的部分，此時使用的話術多聚焦於各自對關係的感受與想

圖13 三人互動的介入與引導圖

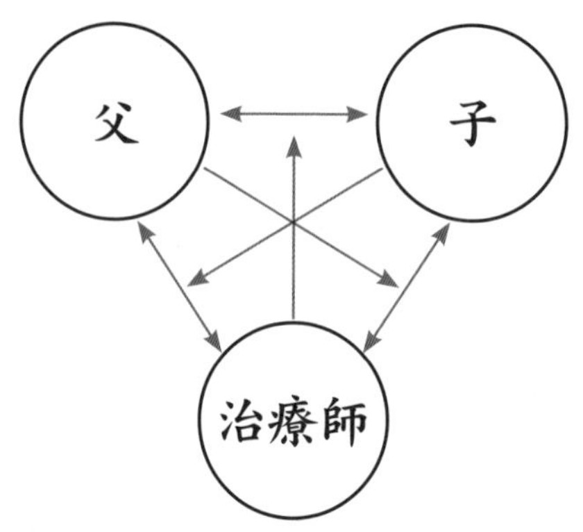

法，例如反映了父親對兒子的心疼、同情與生氣。當吳老師鼓勵父親試著對兒子說一說自己內在的感受，此時做了一個對父親↔兒子關係的介入，這樣的介入與治療師A站在系統中傳話，有個力道上的差異，即是父子有了直接的互動。

在我自己的學習中，於這個轉向的介入上有許多挫敗的經驗，例如：父親拒絕對兒子表達，可能會說：「我剛剛說的，他都聽到了……，我不習慣這樣說……」，吳老師對此分享了演練這段對話的觀點：「我整個都在進行他們（的對話），進行的都不是很理想，可是沒有關係，我就是要他們這樣動來動去，然後慢慢地指引、導向……。」她觀察到父子對兩人互動都覺得挫敗、失望，所以不想連結，想要將這樣的痛苦丟給治療師，希望治療師幫忙（依賴治療師）。吳老師示範時，並沒有接下被父子依賴的角色，而是思考如何讓父子自行連結，分別對他們做了很多接觸，鼓勵他們真正地交談：做父親的，無論有怎樣正、反面的感受，但是不放棄直接和兒子交流。同樣地，兒子也很努力，但就是做不到，很希望爸爸繼續鼓勵自己，也表達內心很愛爸爸，但又覺得對不起爸爸的種種情緒。

當治療師能做到讓父子互動轉向，治療就算是上路了。在轉向的介入上，除了案家拒絕嘗試，治療師能否拿起治療的權力（power）也是一個關鍵。面對轉向進行得不是很理想時，我經常感受到自己的遲疑，被系統拉回一對一的互動，這仍是對系統介入沒有清楚的概念，無法堅持將互動轉回父子之間。圖 13 是治療師介入系統時需要放在心上的概念，用以檢視是否已介入系統，或者仍在一對一互動的軌道上。進一步來說，當治療更成熟時，父親或兒子可能自發地在治療師與兒子、治療師與父親互動時，提出一些感受或疑問，例如父親可能會說：「老師，我在家的時候，他（兒子）都不曾跟我講過這樣的話……。」這意味著治療師與兒子互動引發了父親的反思，這都是系統開始鬆動的徵兆，而治療師必須有能力檢視自己是否正在介入系統，治療進程是否上路。

至於治療師沒有拿起治療的權力，除了對系統介入的概念不清楚，也可能有治療師個別的議題，我連結到自己的經驗，常不經意地假設他人能力不足，很容易受傷，不得不保護他人，所以必須擔負起照顧責任；此外，對於治療效能的提升，也可能是治療師學習過程的迷思，我觀察到吳老師並沒有急於想改變什麼或達到什麼效能，而是專注於「幫助父子聽懂對方的感受」，因而發覺自己著急的背後原來是焦慮啊！治療師感受到的焦慮或追求成就感，都是本身的需求或狀態，是將治療師的行動視為治療中的主體。若要真的理解系統現象，則必須練習放下治療師自身的需求，轉以案家為主體。這說來容易，其實相當困難。回顧自己的學習經驗，治療師常被放在專家的位置，面對案家衝突或沉默不語，對話了許久仍不理解到底發生什麼事情，要承認自己的無能為力和挫敗，處境似乎很難堪。然而實際與案家互動時，治療師不能面對真實的感受，也就沒有接觸到自己，無法運用當下的經驗做為回饋案家的素材，不僅推動不了治療，也浪費了治療師的覺察力與發話的影響力。綜合上述觀察，治療師練習介入系統的「良接」需要先整理自己的內在狀態，才能騰出空間接觸案家，而感受、理解之後的「良發」則需要勇氣，把當時或許覺得尷尬、挫敗、不理解案家的堅持等不美好但真實的互動感受反映在案家面前，才能開啟案家真實面對議題的契機。

NOTES

NOTES

NOTES

NOTES

NOTES

NOTES

NOTES

張老師文化公司書目

・此書目之定價若有錯誤，應以版權頁之價格為準。
・讀者服務專線：（02）2218-8811　傳真：（02）2218-0805
・mail: sales @ lppc.com.tw

一、生活叢書			
生活技巧系列		定價	備註
A9	怡然自得—30 種心理調適妙方	130 元	
A10	快意人生—50 種心理治療須知	120 元	
A11	貼心父母—30 帖親子相處妙方	120 元	
A12	生活裡的貼心話	150 元	
A13	讀書會專業手冊	250 元	
A14	創意領先—如何激發個人與組織創造力	250 元	
A15	大腦體操—完全大腦開發手冊	120 元	
A17	張德聰的自助舒壓手冊〔上〕：美好人生的心理維他命	220 元	
A18	快樂是一種陷阱	280 元	
A19	聰明的餅乾壓不碎—找回你的天賦抗壓力	200 元	
A20	聆聽自己，聽懂別人：35 堂讓生活更美好的聲音魔法課 +CD	300 元	
A21	大腦的音樂體操（附演奏 CD）	320 元	
A22	壓力生活美學	280 元	
A23	用十力打造實力：培養幸福生涯核心能力	280 元	
愛・性・婚姻系列		定價	備註
E42	愛得聰明・情深路長	210 元	
E44	愛就是彼此珍惜—幸福婚姻的對話	300 元	
E45	婚內昏外	220 元	
E47	愛上 M 型男人—找回妳的勇氣、尊嚴與幸福	290 元	
E49	搞懂男人—李曼法則 39	270 元	
E50	享受愛情不吃虧	230 元	
E51	抓住幸福很 easy	230 元	
E55	莫非愛可以如此	240 元	
E56	幸福關係的七段旅程	300 元	
E58	抱緊我－扭轉夫妻關係的 7 種對話	320 元	
E59	宿命・改變・新女人	250 元	
E60	愛是有道理的	380 元	
E61	離去？留下？：重新協商家庭關係	450 元	
E62	信任，決定幸福的深度	360 元	
E63	女性私身體：全方位生理週期照護手冊	600 元	
E64	結婚前，結婚後	280 元	
E65	原來，婚姻可以不靠忍耐來維持	380 元	
E66	在親密關係中活出最好的生命：給基督徒夫妻的「抱緊我」對話	400 元	
親子系列		定價	備註
P9	天下無不是的孩子	180 元	
P12	尋找田園小學—創造兒童教育的魅力	220 元	
P22	你可以做個創意媽媽	230 元	
P23	我要和你一起長大—尋找家庭桃花源	250 元	
P25	愛女兒愛爸爸—做女兒生命中第一個好男人	280 元	
P26	孩子的天空—成長、學習、邁向卓越的七大需要	300 元	
P27	大手牽小手—我和我的自閉兒小宜	220 元	
P28	每個父母都能快樂—怎樣愛青春期的孩子	270 元	
P29	當孩子做錯事—掌握機會塑造好品格	300 元	
P30	如何與青少年子女談心	280 元	
P31	我想安心長大—如何讓孩子有安全感	260 元	
P32	王鍾和與父母談心 ①—親子關係	240 元	
P33	王鍾和與父母談心 ②—生活教育	240 元	
P34	王鍾和與父母談心 ③—兩性教育	240 元	
P35	王鍾和與父母談心 ④—學校生活	240 元	
P36	青少年非常心事	250 元	
P38	媽媽，沒有人喜歡我	320 元	
P39	我兒惠尼	320 元	
P40	燈燈亮了—我的女兒妞妞	320 元	
P43	一生罕見的幸福	240 元	
P44	任修女的親子學堂	240 元	
P45	巴黎單親路	240 元	
P46	青少年非常心事 2：我的孩子變了！	250 元	
P48	如何教養噴火龍	280 元	
P50	當孩子得了躁鬱症—該做什麼？如何做？	300 元	
P51	是誰傷了父母？—傷心父母的療癒書	280 元	
P52	Orange 媽媽：四分之三的幸福	250 元	
P53	喬伊的返校之旅	350 元	
P54	碰恰恰說故事魔法	280 元	
P55	不光會耍寶：認輔志工守護孩子的故事	300 元	
P56	陪伴天使的日子	260 元	
P58	預見家的幸福	260 元	
P59	我不是不想上學	280 元	
P61	教出有勇氣與行動力的孩子	280 元	
P62	專注力訓練，自己來！	300 元	
P63	培養孩子 6 個生涯成功的禮物	280 元	
P64	像青蛙坐定—給孩童的正念練習	300 元	
P65	一生罕見的幸福 II：走下去，才有驚喜	300 元	
P66	孩子，我學著愛你，也愛自己	260 元	
P67	給予空間，保持親近：青少年父母的正念練習	320 元	
P68	穩步．慢行：自閉症孩子的生活、溝通、學習	480 元	
P69	為什麼青少年都衝動？（全新修訂版）	400 元	
P70	孩子你好，請多指教	320 元	

P71	平靜而專注 像青蛙坐定：你的心靈指南	380 元		**N34**	志工實務手冊	450 元	
P72	孩子的心，我懂（新版）	280 元		**N35**	家庭暴力者輔導手冊	280 元	
青少年系列		定價	備註	**N36**	遊戲治療 101	450 元	
Z2	悸動的青春—如何與人交往	120 元		**N37**	薩提爾治療實錄—逐步示範與解析	280 元	
Z3	葫蘆裡的愛—如何與家人溝通	120 元		**N38**	解決問題的諮商架構	270 元	
Z4	輕鬆過關—有效的學習方法	120 元		**N39**	情緒取向 V.S. 婚姻治療	300 元	
Z5	孩子，你在想什麼—親子溝通的藝術	120 元		**N40**	習慣心理學．辨識篇〈上冊〉	500 元	
Z6	青少年的激盪—青少年心理及精神問題解析	150 元		**N41**	習慣心理學．辨識篇〈下冊〉	500 元	
Z9	少年不憂鬱—新新人類的成長之路	180 元		**N42**	快意銀髮族—台灣老人的生活調查報告	220 元	
Z10	想追好男孩—青春族的情感世界	180 元		**N45**	家族星座治療—海寧格的系統心理療法	450 元	
二、輔導叢書				**N46**	性罪犯心理學—心理治療與評估	350 元	
阿德勒系列		定價	備註	**N47**	故事與心理治療	300 元	
AA1	阿德勒個體心理學	700 元		**N48**	每個學生都能成功	250 元	
AA2	從個體到群體：古典阿德勒學派深層心理治療	450 元		**N49**	情緒與壓力管理	300 元	
AA3	社會平等：當代的挑戰	350 元		**N51**	理情行為治療	220 元	
助人技巧系列		定價	備註	**N52**	婚姻與家族治療—個案研究	720 元	
C3	助人歷程與技巧（增訂版）	240 元		**N53**	焦點解決諮商案例精選—激勵人心的治療故事	270 元	
C4	問題解決諮商模式	250 元		**N54**	幫他走過精神障礙—該做什麼，如何做？	280 元	
C5	校園反性騷擾行動手冊（修訂本）	150 元		**N55**	存在心理治療—死亡（上）	300 元	
團體輔導系列		定價	備註	**N56**	存在心理治療—自由、孤獨、無意義（下）	380 元	
M2	團體領導者訓練實務	280 元		**N57**	兒童注意力訓練手冊	400 元	
M3	如何進行團體諮商	150 元		**N58**	面試成功進大學	270 元	
M6	小團體領導指南	100 元		**N59**	心理治療 Live 現場	380 元	
M7	團體輔導工作概論	250 元		**N60**	青少年與家族治療	400 元	
教育輔導系列		定價	備註	**N61**	習慣心理學．應用篇	400 元	
N14	短期心理諮商	250 元		**N62**	兒童與青少年焦點解決短期心理諮商	320 元	
N15	習慣心理學—理論篇	380 元		**N63**	兒童敘事治療：嚴重問題的遊戲取向	420 元	
N17	自我與人際溝通	220 元		**N64**	薛西佛斯也瘋狂	290 元	
N18	人際溝通分析：TA 治療的理論與實務	350 元		**N65**	兒童注意力訓練父母手冊	260 元	
N19	心理治療實戰錄	320 元		**N66**	行動的反思團隊	450 元	
N20	諮商實務的挑戰—處理特殊個案的倫理問題	300 元		**N67**	敘事取向的生涯諮商	270 元	
N21	習慣心理學（歷史篇）	420 元		**N68**	焦點解決諮商的多元應用	480 元	
N22	客體關係理論與心理劇	400 元		**N69**	跟薩提爾學溝通	200 元	
N23	薩提爾的家族治療模式	380 元		**N70**	聯合家族治療	320 元	
N24	焦點解決短期心理諮商	200 元		**N71**	克服逆境的孩子—焦點解決諮商的家庭策略	280 元	
N25	邁向成熟—青年的自我成長與生涯規劃	250 元		**N72**	從換幕到真實—戲劇治療的歷程、技巧與演出	400 元	
N29	人際溝通分析練習法	420 元		**N73**	稻草變黃金—焦點解決諮商訓練手冊	320 元	
N30	兒少性侵害全方位防治與輔導手冊	260 元		**N74**	挑戰成癮觀點—減害治療模式	400 元	
N31	心理治療入門	360 元		**N75**	心理治療的新趨勢—解決導向療法	250 元	
N32	TA 的諮商歷程與技術	280 元		**N76**	OFFICE 心靈教練—企業的焦點解決短期諮商	250 元	
N33	敘事治療—解構並重寫生命的故事	420 元		**N77**	家庭暴力加害人處遇團體方案手冊—EMERGE 模式	350 元	

N79	好好出口氣—設定界限，安全表達憤怒	220 元		**N121**	創傷的積極力量（上）	300 元	
N80	遊戲治療 101—II	450 元		**N122**	創傷的積極力量（下）	280 元	
N81	遊戲治療 101—III	450 元		**N123**	DBT 技巧訓練手冊（上）	450 元	
N82	家庭與伴侶評估—四步模式	320 元		**N124**	DBT 技巧訓練手冊（下）	450 元	
N83	性侵害加害人團體處遇治療方案：本土化再犯	300 元		**N125**	DBT 技巧訓練講義及作業單	550 元	
N84	如何與非自願個案工作	270 元		**N126**	ACT 一學就上手	380 元	
N85	合作取向治療：對話、語言、可能性	420 元		**N127**	諮商心理衡鑑的理論與實務	380 元	
N86	敘事治療的工作地圖	320 元		**N128**	ACT 實務工作者手冊	350 元	
N87	心靈的淬鍊—薩提爾家庭重塑的藝術	350 元		**N129**	在關係中，讓愛流動	380 元	
N88	終點前的分分秒秒	380 元		**N130**	一次的力量	280 元	
N89	當下，與你真誠相遇：型治療師的深刻省思	320 元		**N131**	圖像溝通心視界	280 元	
N90	合作取向實務：造成改變的關係和對話	450 元		**N132**	解決關係焦慮：Bowen 家庭系統理論的理想關係藍圖	350 元	
N91	薛西佛斯也瘋狂 II：強迫症的案例與分析	270 元		**N133**	跟大師莫雷諾上心理劇	400 元	
N92	災難後安心服務	250 元		**N134**	與家庭共舞：象徵與經驗取向的家族治療	320 元	
N93	勇氣心理學—阿德勒觀點的健康社會生活	350 元		**N135**	傾聽生命故事與敘說的療癒力	380 元	
N94	走進希望之門—從藝術治療到藝術育療	350 元		**N136**	看懂關係，療癒心靈：關係治療理論與實務	360 元	
N95	繽紛花園：兒童遊戲治療	360 元		**N137**	走出苦難，擁抱人生：接受與承諾治療自助手冊	400 元	
N96	憂鬱症的情緒取向治療	470 元		**N138**	華無式家族治療：吳就君的治療心法和助人美學	350 元	
N97	情緒取向 VS. 婚姻治療（二版）	380 元		**N139**	闖進兔子洞：魔幻奇境的敘事治療	400 元	
N98	員工協助方案專業人員手冊	380 元		**N140**	希望鍊金術：焦點解決取向在校園輔導的應用	360 元	
N99	以畫為鏡—存在藝術治療	400 元		**N141**	學習、互動與融入：自閉症幼兒的丹佛早療團體模式	350 元	
N100	家族治療的靈性療癒（上）	380 元		**N142**	強化動機 承諾改變：動機式晤談實務工作手冊	350 元	
N101	家族治療的靈性療癒（下）	320 元		**N143**	陪孩子遇見美好的自己（二版）：兒童、遊戲、敘事治療	320 元	
N102	導引悲傷能量：悲傷諮商助人者工作手冊	450 元		**N144**	最想說的話，被自己聽見：敘事實踐的十五堂課	400 元	
N103	陪孩子遇見美好的自己	260 元		**N145**	鼓勵孩子邁向勇氣之路	400 元	
N104	敘事治療的實踐：與麥克持續對話	300 元		**N146**	助人歷程與技巧（第三版）	360 元	
N105	辯證行為治療技巧手冊	380 元		**N147**	從相遇到療癒：自我關照的藝術遇療	380 元	
N106	關係的評估與修復	380 元		**N148**	家族治療師的練功房：轉化、成長與精進	380 元	
N107	SAFE 班級輔導模式	250 元			贏家系列		備註
N108	看見孩子的亮點	350 元		**SM6**	鼓舞卡	600 元	
N109	當下，與情緒相遇	350 元		**SM7**	天賦卡	600 元	
N110	學生輔導工作倫理守則暨案例分析	350 元		**SM8**	互動卡	600 元	
N111	大象在屋裡：薩提爾模式家族治療實錄 1	380 元			心理推理系列	定價	備註
N112	越過河與你相遇：薩提爾模式家族治療實錄 2	320 元		**T4**	走出生命的幽谷（新版）	200 元	
N113	遇見孩子生命的曙光	280 元		**T10**	前世今生—生命輪迴的前世療法	250 元	
N114	藝樹園丁：悲傷與失落藝術治療	360 元		**T11**	家庭會傷人—自我重生的新契機（二版）	300 元	
N115	藝術治療與團體工作	450 元		**T12**	你是做夢大師—孵夢・解夢・活用夢	250 元	
N116	像海盜那樣教：讓教師脫胎換骨的海盜教學法	280 元		**T13**	生命輪迴—超越時空的前世療法	270 元	
N117	從聽故事開始療癒：創傷後的身心整合之旅	380 元		**T14**	生命不死—精神科醫師的前世治療報告	280 元	
N118	米紐慶的家族治療百寶袋	380 元		**T16**	你在做什麼？—成功改變自我、婚姻、親情的真實故事	380 元	
N119	要玩就要玩大的：起司班學習成長故事	320 元		**T18-1**	榮格自傳—回憶、夢、省思	450 元	
N120	療癒親密關係，也療癒自己：情緒取向創傷伴侶治療	360 元		**T19**	家庭祕密—重返家園的新契機	280 元	

T20	跨越前世今生—陳勝英醫師的眠治療報告	200 元	
T21	脆弱的關係—從玫瑰戰爭到親密永久的婚姻	320 元	
T25	回家：結構派大師說家庭治療的故事	400 元	
T27	當尼采哭泣	420 元	
T28	診療椅上的謊言	420 元	
T31	前世今生之回到當下	280 元	
T33	祕密，說還是不說	360 元	
T39	父母會傷人	300 元	
T43	鏡子裡的陌生人—解離症：一種隱藏的流行病	380 元	
T44	你有沒有看見我的馬	280 元	
T45	大師說舞	260 元	
T46	婚姻探戈	260 元	
T47	舞動人生	260 元	
T48	成長之舞	260 元	
T51	獵食者：戀童癖、強暴犯及其他性犯罪者	380 元	
T54	佛洛伊德的輓歌	250 元	
T55	媽媽有病—代理性佯病症真實案例	200 元	
T57	打開史金納的箱子—二十世紀偉大的心理學實驗	320 元	
T59	改變治療師的人— 23 位治療大師的生命故事	320 元	
T60	愛情劊子手	350 元	
T61	受虐的男孩，受傷的男人	280 元	
T62	情緒分子的奇幻世界	420 元	
T63	家有千絲萬縷	250 元	
T64	蛤蟆先生的希望— TA 諮商童話版	280 元	
T65	我的家庭治療工作	280 元	
T66	媽媽和生命的意義	350 元	
T67	午夜冥思：家族治療大師華特克回憶錄	380 元	
T68	關係是傷也是藥：家族治療二十八年的反思筆記	300 元	
T69	孩子不離家	320 元	
T70	婚癌：找出家庭關係的生機	320 元	
心靈拓展系列		定價	
D40	心靈神醫	220 元	
D43	照見清淨心	180 元	
D44	恩寵與勇氣	380 元	
D46	杜鵑窩的春天—精神疾病照顧手冊	320 元	
D47	超越心靈地圖	300 元	
D50	生命教育—與孩子一同迎向人生挑戰	240 元	
D53	空，大自在的微笑—空 禪修次第	200 元	
D55	假如我死時，你不在我身旁	280 元	
D56	不知道我不知道	180 元	
D57	如何好好生氣—憤怒模式工作手冊	250 元	
D58	因為你聽見了我	220 元	
D59	當醫生遇見 Siki	240 元	
D62	我的生命成長樹—內外和好的練習本	270 元	
D63	Erikson 老年研究報告	400 元	
D64	難以置信—科學家探尋神祕信息場	240 元	
D65	重畫生命線—創傷治療工作手冊	400 元	
D66	家屋，自我的一面鏡子	380 元	
D67	你可以更靠近我	280 元	
D71	一分鐘心理醫生	250 元	
D73	這就是男人！	340 元	
D75	打破沈默—幫助孩子走出悲傷	270 元	
D77	我們並未互道再見—關於安樂死	260 元	
D78	巫婆一定得死—童話如何形塑我們的性格	320 元	
D80	艾瑞克森—自我認同的建構者	370 元	
D89	我的感覺你懂嗎？—面對拒絕	320 元	
D91	日常談話．深度傾聽	290 元	
D92	勝過失望	270 元	
D93	父母離婚後—孩子走過的內心路	360 元	
D94	此刻有你真好—陪伴悲傷者走過哀痛	220 元	
D96	別跟情緒過不去	280 元	
D97	木屐與清酒	220 元	
D98	可以溝通真好	280 元	
D99	打開戀物情結	300 元	
D104	當所愛的人有憂鬱症—照顧他，也照顧好自己	290 元	
D105	請容許我悲傷	250 元	
D106	再也不怯場	290 元	
D107	殺不死我的，使我更堅強	280 元	
D108	空間詩學	350 元	
D109	做自己的心理管家	290 元	
D111	女人的壓力處方	250 元	
D112	心理治療室的詩篇	250 元	
D113	愛與自由	300 元	
D114	我是有為者	200 元	
D115	發現你的利基	250 元	
D116	小魚舖，大奇蹟	240 元	
D117	道別之後	220 元	
D118	難以置信 II —尋訪諸神的網站	280 元	
D119	關係療癒	320 元	
D120	人道醫療	300 元	
D123	生命河流	220 元	
D125	跨界之旅	220 元	
D126	永恆的朝聖者—空與神的會晤	280 元	
D127	超越語言的力量—藝術治療在安寧病房的故事	270 元	

D129	我最寶貴的	200 元		D176	超越成敗：邁向自立與成熟	280 元	
D130	阿嬤的故事袋—老年、創傷、身心療癒	280 元		D177	9 個萬分之一的相聚	280 元	
D131	逃學老師	260 元		D178	療癒，從創作開始：藝術治療的內在旅程	350 元	
D133	全方位憂鬱症防治手冊	300 元		D179	解鎖：創傷療癒地圖	420 元	
D134	改變的禮物	250 元		D180	正念減壓初學者手冊	300 元	
D136	如果梵谷不憂鬱	380 元		D181	存乎一心：東方與西方的心理學與思想	600 元	
D137	中年學音樂	240 元		D182	生命，才是最值得去的地方	300 元	
D138	當綠葉緩緩落下：生死學大師的最後對話	260 元		D183	生活，依然美好：24 個正向思考的祕訣	280 元	
D139	當好人遇上壞事	240 元		D184	如是 深戲：觀．諮商．美學	350 元	
D140	美名之路：慕哈妲．梅伊的故事	200 元		D185	黑手玩家：手作與生活器物的美好交會	350 元	
D141	話語、雙手與藥：醫者的人性關懷	280 元		D186	愛人如己：改變世界的十二堂課	300 元	
D144	好心情手冊 I —情緒會傷人	280 元		D187	正念的感官覺醒	700 元	
D145	好心情手冊 II —焦慮會傷人	290 元		D188	愛與自由：家族治療大師瑪莉亞．葛莫利（典藏版）	380 元	
D146	好心情手冊 III —情緒治療師	280 元		D189	癌症完全緩解的九種力量	380 元	
D147	熟年大腦的無限潛能	250 元		D190	說謊之徒：真實面對謊言的本質	380 元	
D149	喪慟夢	240 元		D191	被卡住的天才：用韌性釋放被禁錮的才智	380 元	
D151	踏上心靈幽徑：穿越困境的靈性生活指引	400 元		D192	八週正念練習：走出憂鬱與情緒風暴（附練習光碟）	350 元	
D152	搶救心理創傷：從危機現場到心靈重建	250 元		D193	我生氣，但我更爭氣！	280 元	
D153	愈感恩，愈富足	270 元		D194	身體的智慧	380 元	
D154	幸福的偶然	240 元		D195	一次一點，反轉憂鬱	320 元	
D155	關照身體，修復心靈	280 元		D196	用心去活：生命的十五堂必修課	300 元	
D156	信念的力量（十週年增訂紀念版）	380 元		D197	新關係花園	380 元	
D157	活出熱情	200 元		D198	一字一句，靠近潛意識：十個解夢對話實錄	480 元	
D158	微笑天使向前走：逆境家庭的生命復原力	260 元		D199	我的名字叫伊瑪奇蕾：種族滅絕倖存者的真實告白	350 元	
D159	漸漸懂了你的心	250 元		D200	翻過來看世界	350 元	
D160	不單單是爸爸：風雨中的生命書寫	380 元		D201	新生命花園	380 元	
D161	每個人心中都有 2 隻鱷魚	250 元		D202	張口，愛的堆疊：「張老師」教我的 49 件事	300 元	
D162	生命如此豐盛	280 元		D203	水面上與水面下：用戲劇轉化人生	450 元	
D163	心美，生活更美—現代生活新倫理	250 元			人與自然系列	定價	備註
D164-1	真善美的追尋—李鍾桂與救國團的半世情	350 元		NB1	傾聽自然（二版）	200 元	
D165	智慧的心—佛法的心理健康學	450 元		NB2	看！岩石在說話	200 元	
D166	生命宛若幽靜長河	270 元		NB3	共享自然的喜悅	250 元	
D167	觀山觀雲觀生死	270 元		NB4	與孩子分享自然	220 元	
D168	生命夢屋	240 元		NB5	探索大地之心	250 元	
D169	情話色語	270 元		NB7	學做自然的孩子—國家公園之父繆爾如何觀察自然	180 元	
D170	在時光走廊遇見巴黎—廖仁義的美學旅行	270 元		NB11	女農討山誌	300 元	
D171	120 公分的勇氣	280 元		NB12	貂之舞—來自阿爾卑斯山一股澄澈的自然聲音	280 元	
D172	我願意陪伴你	280 元		NB13	義大利的山城歲月	280 元	
D173	療癒，藏在身體裡	280 元		NB14	冷靜的恐懼—絕境生存策略	280 元	
D174	愛，一直都在	280 元		NB15	我生命中的花草樹木	280 元	
D175	情義相挺一甲子：救國團義工英雄傳	280 元		NB16	療癒之森：進入森林療法的世界	250 元	

NB17	樂活之森：森林療法的多元應用	300 元	
NB18	來自天地的感動	250 元	
NB19	共享自然，珍愛世界：適用全年齡層的自然覺察活動	350 元	
NB20	自然就該這樣玩	300 元	
NB21	梭羅與樹的四時語言	380 元	
NB22	傾聽自然：如何深化你的自然意識	280 元	
	心靈美學系列	定價	備註
Y14	疼惜自己	100 元	
Y15	玩得寫意	100 元	
Y16	彼此疼惜	100 元	
Y17	老神在哉	100 元	
Y18	和上蒼說話	100 元	
Y19	心中的精靈	100 元	
Y23	與人接觸	200 元	
Y24	心的面貌	200 元	
Y25	沈思靈想	180 元	
Y26	尊重自己	180 元	
Y27	寬恕樂陶陶	100 元	
Y28	簡樸活得好	100 元	
Y29	善待此一身	100 元	
Y30	自在女人心	100 元	
Y31	接納心歡喜	100 元	
Y32	喜樂好心情	100 元	
Y46	祝你聖誕快樂	180 元	
Y47	祝你生日快樂	150 元	
Y48	祝你天天快樂	150 元	
Y49	給我親愛朋友	150 元	
Y50	當所愛遠逝	150 元	
Y51	讓憤怒野一回	150 元	
Y52	給壓力一個出口	150 元	
Y53	勇敢向前行	150 元	
Y54	好好過日子	150 元	
Y55	活出真性情	150 元	
Y56	寶貝你的學生	150 元	
Y57	給工作中的你	150 元	
Y58	給我親愛家人	150 元	
Y59	給獨一無二的你	150 元	
Y60	記得照顧自己	150 元	
Y61	祝你早日康復	150 元	
Y62	親親我的寶貝	150 元	
Y63	親親我的媽咪	150 元	
Y70	會哭的男人很可愛	150 元	
Y71	跟沮喪說 bye bye	150 元	
Y75	別讓自己白白受苦	150 元	
Y76	平安在我心	150 元	
Y77	時時心感恩	150 元	
Y82	大自然療癒花園	150 元	
Y83	我心深觸	150 元	
Y84	人生旋律美好	150 元	
Y85	相信你自己	150 元	
Y86	搞定難搞的人	150 元	
Y87	重塑新生命	150 元	
Y88	別往壞處想	150 元	
Y89	哀傷中有盼望	150 元	
Y90	穿越靈性曠野	150 元	
Y90	愈活愈有勁	150 元	
Y90	退休樂活趣	150 元	
Y90	最好的禮物	150 元	
	浮世繪系列	定價	備註
VW2	這人生	280 元	
VW3	讓我擁抱你	180 元	
VW4	彼此擁抱	180 元	
VW5	象山的孩子	300 元	
VW7	小柴犬和風心	250 元	
VW8	小柴犬和風心 2—四季的喜悅	250 元	
VW9	小柴犬和風心 3—日日是好日	250 元	
VW10	小柴犬和風心 4—又是美好的一天	280 元	
VW11	萊恩的願井	280 元	
VW12	小柴犬和風心 5—和的學習之道	280 元	
VW13	積木之家	280 元	
VW15	坐輪椅也要旅行	280 元	
VW16	Toza Toza 跟自己說說話	260 元	
	樂齡系列	定價	備註
Q1	優雅的老年—678 位修女揭開大腦健康之鑰	350 元	
Q2	生命週期完成式	250 元	
Q3	客製化健康時代	280 元	
Q4	幸福的熟年音樂養生書（附音樂光碟）	350 元	
Q5	幸福老年的祕密：哈佛大學格蘭特終生研究	560 元	

國家圖書館出版品預行編目(CIP)資料

家族治療師的練功房：轉化、成長與精進 / 黃雅羚等著 . -- 初版 . -- 臺北市：張老師 , 2019.07
面； 公分 . -- (教育輔導系列 ; N148)

ISBN 978-957-693-934-1 (平裝)

1. 家族治療

178.8 108010178

教育輔導系列 N148

家族治療師的練功房——轉化、成長與精進

作　　者→黃雅羚、李雪禎、陳孟芳、石麗如、潘怡潔、蔡聖茹、陳姝蓉、黃玫穎
總 校 閱→吳就君
責任編輯→苗天蕙
封面設計→李東記
插　　圖→楊玉瑩
發 行 人→李鍾桂
總 經 理→涂喜敏

《出版部》總 編 輯→俞壽成／副總編輯→苗天蕙／行銷企劃→呂昕慈
《月刊部》主　　編→趙凡誼／企劃編輯／黃曼茹 ‧ 莊妍／特約美術編輯→羅麗珍
《業務部》經　　理→朱慶智／印務組長→蘇英萬／讀者服務組長→李麗華
發行組長→李文彬／廣告經理人→王愷寧
《管理部》經　　理→陳玉英／財務組專員→顏蕙華 ‧ 林淑琴 ‧ 高雅婷／行政專員→謝月娥

出 版 者→張老師文化事業股份有限公司 Living Psychology Publishers Co.
郵撥帳號：18395080　10647 台北市大安區羅斯福路三段 325 號地下一樓
電話：(02)2369-7959　傳真：(02)2363-7110　E-mail：service@lppc.com.tw
讀者服務：23141 新北市新店區中正路 538 巷 5 號 2 樓
電話：(02)2218-8811　傳真：(02)2218-0805　E-mail：sales@lppc.com.tw
網址：http://www.lppc.com.tw（讀家心聞網）

登 記 證→局版北市業字第 1514 號
初版 1 刷→ 2019 年 7 月

I S B N→ 978-957-693-934-1
定　　價→ 380 元
法律顧問→林廷隆律師
排　　版→菩薩蠻電腦科技有限公司
印　　製→永光彩色印製股份有限公司